글로벌 표준 전쟁의 최전선에서

세상을 지배하는
표준 이야기

글로벌 표준 전쟁의 최전선에서

세상을 지배하는 표준 이야기

발 행 일	2012년 12월 5일 초판 1쇄 발행
저　자	이 은 호
발 행 인	이 호 욱
발 행 처	한국표준협회미디어
출판등록	2004년 12월 23일(제2009-26호)
주　소	서울시 금천구 가산동 371-50 에이스하이엔드3차 1107호
전　화	(02)2624-0362
팩　스	(02)2624-0369
이 메 일	book@ksamedia.co.kr

ISBN	978-89-92264-45-7　93320
값	12,000원

세상을 지배하는
표준 이야기

이은호 지음

한국표준협회미디어

차 례

모든 운동 경기에서 좋은 성적을 내려면 가장 먼저 기초 체력을 다지고 기술을 강화하는 것이 우선이겠지만, 참가자 본인이 자신 있다고 생각하는 경기 종목에만 참가하거나 심지어는 경기의 룰을 자신에게 유리하게 바꾸는 방법이 존재하기도 한다. 이와 같이 비즈니스에서도 경쟁 업체를 누르고 시장을 장악하기 위해서는 제품의 품질은 높이고 가격을 낮추는 것이 가장 올바른 방법이겠으나, 동종 업계의 비즈니스 방식을 자신에게 유리하게 정하는 것도 한 방법이 될 수 있다.

산업계에서의 대표적인 게임 법칙이 표준이다. 표준을 자기 마음대로 쥐락펴락 정할 수 있다면 사업을 전개하는 데 매우 유리한 입장에서 추진할 수 있게 된다. 실제로는 후발 주자이거나 기술력이 뒤지는 상황임에도 불구하고 표준을 장악함으로써 최종 승리를 이끌어 낸 사례도 있다. 그러다 보니 이제는 모든 기업이 표준의 중요성에 대해 잘 알게 되었고, 기업 간의 표준 경쟁을 '표준 전쟁'이라고까지 할 정도로 예민한 문제로 대두되고 있다.

필자는 우리나라에서 표준화 업무를 담당한 공무원으로서는 드물게 장기간 업무를 담당하고 국제 표준화 회의에도 여러 차례 참석하는 행운을 누렸다. 또 표준이나 인증과 관련한 국가 간 협상, 특히 FTA 협상이나 MRA 협상에도 여러 차례 참석할 수 있었다.

이러한 기회를 통해 습득한 지식과 경험을 기록하여 다른 분들과 공유하고자 하는 마음은 갖고 있었으나, 어쩔 수 없는 게으름 탓에 실천을 못하고 있다가 2011년이 되어서야 비로소 이를 위한 작업을 시작하게 되었다. 따라서 이 책에서 다룬 내용은 거의 모두가 필자가 직접적으로 담당한 업무였거나 지대한 관심을 가지고 경험했던 내용들에 기초하고 있다.

첫 번째 장에서는 표준의 역사에 대해 서술하였다. 이미 많은 사람들이 다루었던 내용이기는 하지만, ISO 사무총장 등을 통해 배운 지식을 바탕으로 표준이 국가별로, 세계적으로 어떻게 발전해 왔는지를 필자의 독자적인 시각에서 고찰해 보았다.

두 번째 장에서는 우리 주위에서 쉽게 찾을 수 있는 다양한 표준의 사례들을 알아보았다. 여기에서는 우리가 당연히 표준화 되었으리라고 생각하고 있던 관행들이, 아직까지도 세계적으로 다른 견해를 가지고 있는 몇 가지 사례를 예시하였다. 그 대표적인 ISO 표준으로 화물 컨테이너와 사무용지 크기(A4 등) 등을 소개하였다.

세 번째 장에서는 표준이 경제 성장에서 어떠한 역할을 하는지를 선진 국이라는 경제 대국을 통해 알아보았다. 미국, 일본 등은 표준이 제품의 기준에만 머무르지 않고 작업 관행의 영역으로 확대되어 국가적인 품질 및 효율을 높이는 데 활용됨으로써 국가 경제 발전에 큰 기여를 하였다.

그러나 구소련에서는 품질로 연결하지 못함에 따라 표준 제정에는 강국이었으나, 국가 경제 발전에는 별다른 역할을 하지 못한 점을 지적하였다. 우리나라의 경우, KS(한국산업표준) 및 KS 인증이 산업화의 시기별로 담당한 역할을 알아보았다.

네 번째 장에서는 '표준 전쟁'을 통해 제품, 기업 및 산업이 어떻게 변해 왔는지를 알아보고, 이 과정에서 잠깐 나타났다가 사라져 간 수많은 제품과 흥망을 경험한 기업들, 그리고 우리 주변에서 상처를 입고 피해를 본 세력들을 시대에 따라 짚어 보았다. 특히 20세기 중반 이후의 기술 기반 산업을 대표하는 오디오 산업과 비디오 산업을 표준의 관점에서 분석하여, 이 분야에서 표준의 변화가 산업을 어떻게 변화시켜 왔는지와 앞으로 어떠한 상황으로 변해 갈 것인가를 예측해 보고자 하였다.

이 두 분야를 선택한 것은 필자가 오디오, 비디오 및 사진에 취미 내지는 관심을 가지고 있었기 때문이기도 하지만, 마침 시기적으로도 이 분야에서 '표준 전쟁'이 가장 심했기 때문이었는데, 아직까지도 혈투를 벌이고 있는 실정이다.

그 '표준 전쟁'의 배경을 살펴보니, 디지털 방식의 기술이 표준으로 정립된 것이 일본 전자 산업이 몰락하면서 우리 전자 분야 기업들이 부상하는 현상, 하드웨어 판매 수익에 기반한 산업 구조가 몰락하고 콘텐츠 유통업이 부상하는 현상 및 최근 전 세계적으로 기업들의 국제 표준화 활동에 대한 참여가 줄어드는 경향 등에 모두 원인을 제공할 정도로 큰 사건이었다는 것을 읽어낼 수 있었다.

마지막으로는 그 어떤 전쟁에서와 마찬가지로 '표준 전쟁'에서도 희생자가 발생하는데, 특히 최근에는 소비자가 주요 피해자가 되는 현상을 조명해 보았다.

본문의 마지막 장에서는 우리나라와 관련된 중요한 국제 표준화 회의 및 FTA의 표준 관련 회의에 필자가 직접 참석한 경험을 가급적 모두 기록하려고 노력하였으며, 이를 바탕으로 국제 표준화에서 세계 전사戰士가 되기 위해 우리나라의 전문가들이 반드시 갖추어야 할 역량 요소들에 대한 생각을 제시하였다. 그리고 이 과정에서 만난 세계적인 주요 인물들에 대한 기억을 정리해 보았다. 부록에는 무역상 기술 장벽에 대한 간단한 보고서를 첨부하였다.

필자는 이 책을 집필하는데 많은 분들로부터 직접 또는 간접적으로 많은 도움을 받았다. 뒷부분에 별도로 기술한 분들도 있지만, 직장에서 수많은 국제회의에 참석할 수 있도록 배려해 주신 직장 상사와 선배, 그리고 필자의 활동을 서슴없이 지원해 주신 동료 직원들과 국내 전문가들의 도움이 없었다면 이러한 글을 쓰는 것은 아예 불가능했을 것이다. 이 자리를 빌어 모든 고마우신 분들게 진심으로 깊은 감사의 뜻을 전하고 싶다. 또 잦은 해외 출장에도 언짢은 내색 없이 업무에 전념할 수 있도록 뒷받침해 준 가족들에게도 따뜻한 사랑의 말을 전한다.

2012년 12월
관악산 아래 명당에 있는 기술표준원에서

이 은 호

표준이란 무엇인가

PART I

표준이란 무엇인가

1. 표준화의 역사

인류 역사상 최초로 사용된 표준은 BC 7000년경 고대 이집트에서 무게의 단위로 사용하였다는 원통 모양의 돌이라고 알려져 있다. 동양에서도 진시황이 중국을 통일한 후 첫 번째로 시행한 일 중의 하나가 도량형의 통일로 기록되어 있는 것을 보면, 고금을 막론하고 집권자가 상거래에 대한 공정성을 제공하는 한편, 조세 징수의 편의를 꾀하고자 표준을 제정·운영했다는 데는 이의가 있을 수 없겠다.

고대 이집트뿐만 아니라 다른 고대 문명에서도 무게의 기준으로서 표준화된 형상으로 돌을 깎아 만든 추를 사용하였다. 예를 들면 인더스 문명에서는 정육면체 모양의 돌을 사용하였고, 메소포타미아 문명에서는 오리가 머리를 몸 위에 올려놓은 형상의 돌을 사용하였다.

〈① 고대 이집트의 deben 추: 중량이 92g으로, 황소 한 마리의 값이 구리 119 deben (약 10.9kg)에 해당한다는 기록이 있다고 한다. (British Museum 소장),

② 인더스 문명의 석제 추(BC 3000년) (British Museum 소장)〉

〈① 메소포타미아의 오리 모양 추 석제, BC 2000~1000년, 중량 4,883g (British Museum 소장), ② 7,000년 전 수메르 문명이 곡물 계량에 사용한 추 (사우디아라비아 국가표준청 소장)〉

참고로, 런던의 British Museum에서 고대의 표준 추들이 전시된 방은 이집트 등 고대 문명에 대한 전시실이 아니라 화폐 전시실이다. 우리나라의 국가 표준화 기관인 기술표준원이 조선 왕조 고종 시절의 탁지부度支部: 현재의 재무부 전환국典圜局: 돈을 발행하는 기관을 모태로 한 것과 표준의 모태를 화폐 전시실에서 찾을 수 있는 것과도 인연이 있는 듯하다.

〈런던 British Museum의 화폐 전시실〉

　표준은 도량형에서 출발하였으나 진시황이 통일한 것 중 다른 하나가 문자였다는 것을 보면, 고대부터 무게나 길이와 같은 과학적 대상뿐만 아니라 언어와 같이 사회적 합의에 대한 사항도 표준화의 대상이었음을 알 수 있다. 우리나라도 조선 세종 때 『삼강행실도三綱行實圖』를 펴낸 것도 도덕적 기준을 하나로 통일화하려는 시도로 볼 수 있고, 사회적 관행을 표준화하려는 노력으로 간주할 수 있다.

　또한 물자에 대한 표준화도 고대부터 시작되었다는 기록이 중국 사서史書인 『사기史記』에 보면 나온다. 『사기열전史記列傳』 중 『순리열전循吏列傳』에서 초楚나라의 재상인 '손숙오孫叔敖' 편을 보면, 당시 초나라 백성 사이에서 턱이 낮은 수레가 유행한 것에 대해 장왕莊王이 낮은 수레는 전시戰時 물자로 활용할 수 없는 점을 우려하여 수레의 턱을 높이라는 명령을 내리려고 했던 사례가 나온다.

　이때 손숙오는 수레를 타고 다니는 사람들은 모두 귀족이라는 점을 감안하여 이들에게 '수레의 턱을 높이라는 명령을 내리려 하지 말고, 나라 안 모든 마을의 입구에 있는 여문閭門의 문턱을 높이라는 명령을 지방 관리들에게 내리라'고 간언하였다. 문턱을 높이면 낮은 수레에 탄 귀족들이 자주 수레에서 오르내릴 수밖에 없으니, 이것이 불편한 귀족들이 자연스럽게 수레의 높이를 높이게 될 것이라는 것이었다. 왕이 손숙오의 간언을 따르자 반년 만에 백성들이 스스로 수레의 턱을 높였다고 한다.

이후 기술이 발전하게 됨에 따라 표준은 현재 우리가 일반적으로 생각하는 산업 표준으로 그 영역을 넓혀 가게 되었다. 이러한 과정에서 현대 산업 사회의 탄생에 가장 크게 기여한 것으로 제품 표준, 그 중에서도 부품 표준을 들 수 있다.

표준 부품의 개념은 최초로 네덜란드인들이 생각해 낸 것이라고 하는데, 이들은 어선을 만들기 전에 교체가 가능한 부품(특히 풀리 블록 등)들이 어떠한 것이 있는지를 파악하고 이 부품들을 모듈화함으로써, 어선을 획기적으로 빠른 시간에 제조할 수 있는 기술을 개발하였다. 이러한 표준화에 대한 네덜란드의 전통은 현재까지도 이어져 네덜란드의 표준화 기구인 NNI는 ISO 및 IEC에서 상당수 기술위원회의 국제 간사직을 수행하고 있다.

〈선박용 목제 풀리 블록(WIKIMEDIA COMMONS, GK Bloemsma)〉

이 중에서 표준화된 목제 풀리 블록은 영국 해군에서 본격적으로 채택되어 1803년부터는 표준 블록이 매년 10만 개 이상씩 대량으로 생산되어 군함에서 사용되게 되었다.

네덜란드에서 태어난 표준 부품의 개념은 대서양을 넘어 미국에서 결실을 맺게 된다. 19세기 초 미국의 발명가인 Eli Whitney는 군용 소총의 제조 공정에 호환 부품 개념을 도입할 것을 제안하였다. 이때까지는 소총들이 수작업으로 한 정挺씩 개별 제조됨에 따라 그 부품들이 크기나 형상들이 조금씩 달라, 하나의 부품만 고장이 나더라도 나중에 공급되는 부품들과 서로 교환할 수 없어 소총 자체를 버려야 하는 문제가 있었다.

Whitney는 그 해결 방안으로 총기에 들어가는 부품들을 모두 표준화하고 공작 기계를 사용하여 똑같은 형상의 부품을 생산하는 방법을 제시하였다. 이는 당시로는 획기적이었던 생각이었는데, Whitney는 자신이 1804년에 따낸 — 당시까지의 미국 정부 조달 사업 중 최대 규모인 $134,000 – 10,000정의 소총 납품 용역에서 호환 부품 개념을 사용하겠다고 주장하였고, 그는 직접 의회에서 10정의 소총을 임의로 선정한 호환 부품으로 조립하는 시범을 보여 의원들의 관심을 끄는 데 성공하였다.

역사가들에 따르면 실제로는 Whitney가 생전에 호환 부품에 기반한 소총 생산 방식을 확립하지는 못했다고 한다. 그러나 그 덕분에 호환 부품에 대한 생각이 일반인 및 정책 결정자들에게 널리 알려져 결국 그의 사후에 소총 생산에서 호환 부품 방식을 채택하게 되었고, 이후 다른 산업 분야에까지 확산되는 계기가 된 것이다.

호환 부품을 동일한 형상으로 계속적으로 만들기 위해서는 부품을 수작업이 아니라 기계로 가공할 수 있어야 하는데, 이를 위해서는 공작 기계 machine tool와 치공구治工具, jig and fixture가 필요하였다. 현재의 산업 사회에서는 공작 기계와 치공구가 매우 상식적인 제조 수단으로 인식되고 있으나, 19세기 초만 하더라도 강철 부품들을 기계로 가공할 수 있게 하는 데에는 큰 기술적 발전이 필요하였다. 그런데 이 부분에서도 총기 생산 분야에서와 마찬가지로 미국에서 기술적 발전이 이루어졌는데, Simeon North가 권총을 생산하면서 강철 가공용 밀

〈Henry Ford
(WIKIMEDIA COMMONS, Hartsook)〉

링머신을 1818년에 처음으로 개발하여 이용한 것이 최초의 사례이다.

이후 제품만이 아니라 제조 공정에서도 표준화가 적용되기 시작했는데, 이를 선도한 사람은 '자동차왕'이라 일컬어지고 있는 Henry Ford이다. Ford는 숙련 노동자 몇 명과 도제徒弟들로 이루어진 작업반이 자동차의 기존 생산 방식을 벗어나려는 방법을 연구하다가, 제조 공정을 세분화하고 표준화하는 방식을 생각하게 되었다. 그는 육류 가공 공장에서 배운 아이디어를 활용하여 공작물들을 벨트 컨베이어 위에 올려놓아 움직이도록 하고, 작업자는 제자리에 가만히 서서 매우 작은 부분의 작업만을 하게 하는 일관 작업 시스템을 처음으로 도입했다.

단위 작업이 매우 세분화되어 간단해짐에 따라 유럽에서 미국으로 건너온 지 얼마 되지 않은 비숙련 노동자라도 단기간의 직무 훈련만 받으면 바로 생산 현장에 투입될 수 있었으며, 그러면서도 기업은 높은 수준의 생산성과 품질을 유지할 수 있었다. 이 결과 Henry Ford는 자동차를 동종 업계에서 가장 싸게 판매할 수 있었으며, 일반 근로자들에게는 최고 수준의

임금을 지불할 수 있었다.

제품 표준화와 생산 공정의 표준화는 서로 연결되어 20세기 산업 사회의 성격을 결정짓는 대량 생산 시대를 가능하게 하는데 가장 큰 기여를 한 것으로 평가된다.

위와 같은 사례 이외에도, 표준화의 필요성에 사람들이 관심을 크게 갖게 된 역사적 사건으로 볼티모어의 대화재를 들 수 있다. 1904년 미국의 볼티모어 시내 중심가에서 화재가 발생하였으나 소방차가 충분하지 않아 이웃 도시에서 소방차를 지원받았는데, 여기에 달린 호스와 볼티모어의 소화전 간에 연결 부위의 규격이 서로 달라 사용이 불가능하였다. 이에 따라 초기 진화가 충분히 가능할 수도 있었던 불길이 대화재로 번져 수많은 인명 및 재산 피해를 입게 되었으며, 많은 서구인들이 표준화의 중요성을 깨닫는 계기가 되었다.

2. 국제 표준의 태동

앞에서 기술한 사례들은 모두 표준의 역사를 대표하고는 있으나, 이는 모두 한 나라 또는 한 산업 내에서 이루어진 사례였다. 그러나 특정 기업 또는 특정 국가에서 벗어난 국제 표준을 인류가 필요로 하게 되기까지에는 몇 가지 요건들이 성숙되어야 했다.

우선 생각해야 할 점은 국제 표준은 국가 간에 본격적인 교역 또는 교류가 있기 전에는, 그것도 다자 간 교역이 활성화되기 전에는 그다지 필요하지 않다는 것이다. 예를 들어 완전한 폐쇄 경제를 운영하는 국가가 있다면, 그 나라는 국가 표준은 필요할지언정 국제 표준은 필요하지 않을 것이다. 따라서 인류가 국제 교역을 본격적으로 수행하기 전까지는 국제 표준의 필요성은 별로 강조되지 않았다.

국제 교역이 활성화되기 위해서는 우선 국가별로 잉여 재화가 많이 발생하는 상황이 필요하다. 옛날부터 국가별로 생산할 수 있는 재화의 양은 그 국가가 자리 잡은 국토의 농업 생산력, 즉 토지의 힘이 결정해 왔다. 총인구도 땅의 힘에 달려 있었고, 이들이 생산할 수 있는 재화의 양도 국토가 정해 준 범위를 넘어서지 못했다.

특별한 잉여 재화가 없으면 국가 간 교역은 일부 부유층의 호사를 만족시키거나 전략적으로 꼭 필요한 품목으로 한정될 수밖에 없었다. 이러한 교역품의 사례로는 국제적으로는 '실크로드'를 통해 교역된 비단(동 → 서)과 유리 제품(서 → 동) 등이 있으며, 우리나라의 경우 조선 왕조 때 활의 주요 재료로써 동남아로부터 수입했던 물소뿔 등을 들 수 있다.

이러한 생산량의 한계를 극복하게 한 것이 산업 혁명이다. 이때부터 인간보다 훨씬 높은 생산성을 가진 기계가 재화의 생산을 담당할 수 있게 되었기 때문에, 영국과 같이 국토가 척박한 국가도 직물 등의 공산품을 대량으로 생산할 수 있게 되었고, 이로 인해 발생하는 잉여 재화를 해외 시장에 팔기 위해 노력하게 되었다.

그러나 잉여 재화가 발생하였다고 하더라도 본격적인 국제 교역을 시작하기에는 또 한 가지 기술적 돌파구가 필요하였는데, 이것이 바로 대량 물류 수송 수단이다. 그때나 지금이나 가장 저렴한 비용으로 대량의 재화를 수송할 수 있는 수단은 선박이지만, 산업 혁명이 시작되고 나서도 한참 동안은 기술적 이유로 인해 증기 기관을 이용한 상선단商船團이 활동하지 못하였다.

그 첫 번째 이유는 초기의 증기선이 추진 수단으로서 외륜外輪을 이용하였기 때문이다. 외륜은 호수나 강과 같이 잔잔한 수면에서는 효과적이지만, 북대서양과 같이 파도가 높은 지역에서는 외륜이 모두 물에 잠기거나 수면 밖으로 노출될 경우에는 추진력을 완전히 상실하게 된다. 따라서 외륜선으로 대양을 횡단할 수 있는 선박을 만드는 것은 불가능하였다. 이러한 문제점을 해결해 주는 스크루 방식의 추진기가 사용된 것은 1830년대가 되어서였다.

그러나 스크루 방식의 추진기가 나온 다음에도 수십 년의 시간이 더 흘러서야 대서양에 증기 상선단이 출현하게 되었는데, 이것은 당시의 증기 기관이 효율이 낮아서 저탄고貯炭庫에 실려 있는 석탄만으로는 대서양 횡단이 어려워, 석탄을 보충하기 위해 항해 도중에 서너 개의 섬에 들려야 했기 때문이다. 이러한 부담으로 인해 증기선에 실은 화물이 일반 범선에 비해 도착이 늦어지게 되자, 대부분의 화주들은 계속해서 일반 범선에 그들의 화물을 맡겼다.

이러한 현상은 1860년대에 3차 팽창 방식 증기 기관Triple Expansion Type

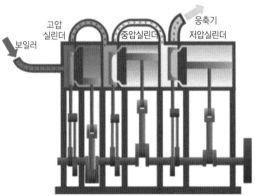

〈3차 팽창 방식 증기 기관(WIKIMEDIA COMMONS, Emoscopes)〉

1850년부터 1900년까지 국제 표준 관련 주요 국제 기구의 설립
1853 해상 기상 관측 결과의 통일 시스템 채택을 위한 브뤼셀 해사 회의
1863 만국우편연맹 파리 회의
1864 세계도량형기구 설립을 위한 1차 회의
1865 만국전기통신연맹 파리 회의
1884 표준 자오선 워싱턴 회의
1896 국제해사기구회의
1897 국제해사전신회의

Steam Engine이 등장하고 나서야 해결되었다. 열효율이 획기적으로 개선된 증기 기관으로 중간의 연료 보급이 없이도 대서양 횡단이 가능하게 됨에 따라 증기 상선단이 출현하게 되었고, 유럽의 공산품과 신대륙의 1차 생산품의 교환이 본격적으로 이루어지게 되었다.

따라서 인류의 다자 간 국제 교역이 본격적으로 이루어지기 시작한 시기는 1850년대 이후라고 할 수 있는데, 이 무렵부터 세계의 각 국가는 국제 표준의 필요성을 느끼게 되었다. 또한 바로 이 시기가 현재도 활동하고 있는 많은 국제 표준화 기구들이 태동한 시기와 일치한다. 그리고 같은 시기에 영국이 '대영제국'으로서의 활동을 본격화하고, 수에즈 운하가 개통(1869년)되어 인도와 유럽 간에 대규모 국제 교역이 활성화되기 시작하였다.

3. 국제 표준화 기구의 설립

국제 표준화의 본격적인 시작은 미터 시스템을 통한 도량형의 통일을 다루기 위한 국제적 기구로서, 1875년 파리에 국제도량형국Bureau Internationale des Poids et Measures : BIPM이 설립되면서부터라고 할 수 있다. 이 시기의 국제 표준들은 시간과 항해에 관련되는 것이 대부분이었는데, 1884년 전 세계(물론 유럽이 주도)가 그리니치 천문대를 통과한 자오선의 경도를 '0도'로 승인한 것이 대표적인 예이다.

공업 분야의 국제 표준화는 전기 기술 분야에서부터 시작되었다. 이는 최초의 상업적 전력 생산이 민간 사업자들에 의해 개별 건물 또는 작업장에 전기를 공급하는 방식으로 추진되었는데, 이러한 사업들이 범위를 확대해 나감에 따라 자연스럽게 국가적 차원, 그리고 국제적 표준화가 필요하게 되었기 때문이다.

이에 따라 1904년 9월 미국 세인트루이스에서 개최된 국제전기회의International Electrical Congress에서 각국의 정부 대표는 '세계의 기술 협력을 공고히 하여 전기 기기의 용어 및 정의에 대한 표준화 문제를 심의하는 대표자 회의를 설치하고 이에 보조를 맞추어야 한다'고 결의하였다. 이 후속 조치로 그 준비 회의가 1906년 6월 미국·영국·이탈리아·오스트레일리아·네덜란드·캐나다·스위스·스페인·독일·일본·헝가리·프랑스·벨기에 등 13개국 대표가 참석한 가운데 런던에서 열려 최초의 규약을 작성하였다.

1908년 10월의 런던 회의에서는 1906년의 규약안을 수정·보완하였으며, 여기서 국제전기기술위원회IEC: International Electrotechnical Commission가 14개국의 회원으로 정식 발족하였다. IEC는 1921년에 표준화의 대상을 확대하여 전기 단위나 전기 표준을 취급하게 되고, 그 후의 활동을 통해 전기 단위를 세계적으로 승인시키는 성과를 올렸다. IEC는 사무국의 창설을 주도한 영국의 런던에 두었으나 1947년에는 스위스의 제네바로 이전하였다. 이후 IEC는 국제 표준화의 흐름에 맞추어 발전을 계속하여 1963년에 이르러서는 현재와 같은 IEC의 조직을 갖추게 되었다.

　IEC 설립에 영향을 받아 다른 분야, 특히 기계 공학 분야에서 표준화를 위한 국제적 협력 가능성이 모색되기 시작하였다. 1926년, 세계의 주요 표준화 추진 국가(20여 개국)들이 뉴욕에서 회의를 개최하고, 국가표준협회 국제연맹ISA : International Federation of the National Standardizaing Association을 창설하였다.

　1929년 대공황의 여파 및 전쟁 발발의 징후가 증대함에 따라 1930년대 말에 몇몇 주요 회원국이 탈퇴하였으며, 결국 1939년 2차 세계 대전이 발발함에 따라 1942년 ISA는 공식적으로 활동을 중지했다. 1944년에 18개 연합국으로 구성된 유엔표준화조정위원회UNSCC : United Nations Standards Coordinating Committe가 전쟁의 와중에 ISA를 이어받았으나, 이는 임시적인 전시戰時 기구에 불과하였다.

　1945년 2차 세계 대전 종전 후 1946년 10월 14일 25개국 64명의 대표들이 공업 표준화의 국제적인 협력을 용이하게 할 목적으로 새로운 국제 표준화 기구를 창설하기 위해 런던에서 회합하여 ISOInternational Organization for Standardization를 설립하기로 결정하였으며, 동년 10월 24일 첫 임시 총회를 런던에서 개최하였다. 이 회의에서 ISO 헌장 및 시행 규칙이 만장일치로 채택되었고, 15개 국가위원회로부터 승인을 받는 즉시 공식적인 기능을 개시하기로 결정하였다.

　1947년 2월 23일, 15개국의 승인이 임시 중앙사무국에 접수되었고 이 날을 ISO의 설립일로 기록되고 있다. 이때 IEC는 기존의 독립성을 유지하면서 ISO의 전기부회로 가입하여 참여하기로 결정하였다. 현재 세계 각국은 최초로 25개국의 64명이 런던에서 모인 1946년 10월 14일을 '국제 표준의 날'로 정하여 매년 기념행사를 개최하고 있다.

4. 우리나라의 표준화 역사

우리나라도 4,000년의 유구한 역사를 자랑하는 나라답게 일찍부터 표준을 중시하여 왔다. 조선 시대 암행어사가 지니고 다니던 물건에는 마패 외에도 구리로 만든 자[尺]인 유척鍮尺이 있었다는 것은 도량형의 단속에 조정朝廷이 일찍부터 신경을 많이 쓰고 있었다는 증거가 될 것이다.

그러나 우리나라가 세계에 자신 있게 내놓을만한 역사적인 표준은 제품 표준이 아니라 시스템 표준에서 발견된다. 최근 프랑스로부터 병인양요丙寅洋擾 때 강화도에서 빼앗겼던 조선 시대의 의궤儀軌들이 반환되었다는 것이 국제적으로 큰 관심을 받은 바 있다. 그리고 얼마 전에는 일본으로부터도 의궤가 반환된다는 보도가 있어 우리 국민의 의궤에 대한 관심이 높아지게 되었다.

의궤는 조선 시대의 왕실이나 국가에 큰 행사가 있을 때 후세에 참고하도록 하기 위하여 그 행사의 전말顚末, 소요 경비, 참가 인원, 의식 절차, 행사 후의 논상論賞 등을 기록하여 놓은 책이다(서울대학교 규장각). 이러한 행사들에는 임금이나 세자의 혼례, 궁궐이나 사당의 축조, 왕조 실록의 편찬 등이 있다.

조선 시대에는 왕실 또는 국가적 행사가 상당한 기간을 두고 반복적으로 발생하는 반면, 세부 절차가 매우 복잡하였고 이를 적절히 집행하였는지의 여부가 정치적으로 매우 민감한 경우가 많았다. 이런 상황에서 행사를 계획하고 집행하는 관료들에게는 성공적인 업무 추진은 물론이거니와 자신의 보신保身을 위해서라도 전례前例를 참조하는 것이 매우 중요하였다. 따라서 주요 행사에 관련되는 모든 절차를 기록하여 발간함으로써 후대에도 활용할 수 있도록 할 필요가 있었던 것으로 보인다.

조선 시대의 의궤들은 이러한 측면에서 볼 때 표준 업무 절차서와 같은 것으로 생각할 수 있다. 즉 오늘날의 기업들이 품질 매뉴얼quality manual, 업무 절차서, 지침서 등을 작성하여 업무 담당자가 바뀌더라도 지속적으로 같은 수준의 관리 체제를 유지할 수 있도록 하는 것과 마찬가지 생각에서 출발한 것이라고 할 수 있다. 1980년대에 이루어진 수원성 복원도『화성성역의궤華城城役儀軌』를 참고함으로써 가능하였으며, 과천에 있는 국립과학관에 복원된 '거중기擧重機'도 이 책에 나온 그림 덕분에 가능했던 것이다.

따라서 조선 시대 의궤는 우리 조상들의 기록 문화를 보여 주는 대표적 자료인 동시에, 시스템 표준화 측면에 있어서도 세계적으로 가장 오래된 사례라고 할 수 있다.

다음 그림들은 이 영인본들에 있는 주요 그림들로서, 서울대학교 규장각이 만든 의궤 영인본 중 기술표준원 도서실이 기증받은『화성성역의궤』, 『영접도감의궤』등 6종 8책의 주요 부분이다.

『종묘의궤宗廟儀軌』의 그림들을 보면 종묘 제례 시 제사상에 음식들을 어떻게 올려야 하는지, 춤추는 사람들은 어떻게 배치해야 하는지, 면류관은 어떤 치수와 모양으로 제작되어야 하는지가 상세히 서술되어 있다. 『화성성역의궤』에서는 축성築城 구성 요소들의 그림들과 함께, 사용되었던 거중기나 수레의 그림은 물론이고, 당시 사용되었던 물자들에 대한 기록도 자세히 기술되어 있는 것을 알 수 있다.

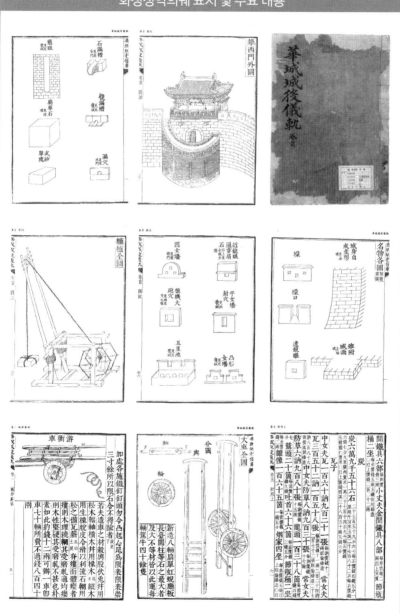

우리
생활과
표준

PART II

우리 생활과 표준

우리는 가정, 학교 또는 직장 등 그 어디에서나 표준에 따라 제작된 물건을 사용하고 있으며, 또 일상생활도 어떤 정해진 표준 속에서 그 표준을 지키며 활동을 하고 있다. 그럼에도 불구하고 거의 모든 사람들이 표준의 존재조차 모르는 것은 우리가 숨을 쉬면서 공기의 고마움을 모르는 것과 마찬가지라고 할 수 있다.

우리가 매일 일하고 있는 사무실의 책상 위에 놓인 연필만 보더라도 그 형상 및 연필심의 진한 정도가 표준에 따른 것이고, 스테이플러에서 침의 크기 및 형상, 펀치, 컴퓨터 키보드, 사무용지의 크기, 인터넷과 연결된 PC 등이 모두 미리 정해진 표준에 따라 제작된 것이다.

특히 IT와 관련된 제품은 한 제품 안에 여러 개의 표준이 사용된 경우가 많다. 예를 들어 미국 아리조나 주립대 법대 교수인 Brad Biddle은 2010년에 발표한 논문[1]에서 노트북 PC에 관련된 표준이 모두 251종이라고 정리하고, 이 중 44%는 컨소시엄 표준, 36%는 공적 표준, 20%는 단일 기업의 표준이라고 분석하였다.

우리 가정에서도 음료수 페트병의 뚜껑, 형광등 및 전구의 크기 및 소켓 형상, 수도꼭지의 이음 부분 등 집안의 거의 모든 물건들이 표준에 따라 제작된 것이다.

그러나 표준이 제품에만 적용되는 것은 아니다. 우리가 말을 할 때에도 '표준어'를 사용할 것이 권장되고 있으며, 예를 들어 보고서를 작성하거나 각종 신청서를 작성할 때에도 미리 정해진 서술 방법을 사용하고 규정된 서식을 사용하도록 요구되고 있다. 자동차의 운행 방향이라든지 도로 표지판의 형상에도 일정한 규칙이 적용되고 있다. 이러한 것들은 모두 언어나 시스템 방식에 표준이 적용되는 사례라고 할 수 있다.

제품 표준, 언어 표준 및 시스템 방식의 표준은 성문화된 규정이 존재하지만, 어떤 경우에는 지역별 또는 집단별로 따르는 특별한 관행이 불문율로서 존재하는 경우도 있다. 예를 들어 우리나라에서 흔히 얘기하는, 이른바 '국민정서법' 같은 것도 이러한 사례에 해당될 것이다. 미국과 같이 정치, 문화, 예술 등 모든 분야가 다원화된 사회에서는 대부분의 사안에 대하여 규정이나 표준을 제정하여 불필요한 오해가 발생하는 것을 줄이려 하겠으나, 아직 많은 국가들에서 다양한 서로 다른 관행들이 존재하는 것이 현실이다.

---

1) "HOW MANY STANDARDS IN A LAPTOP? (AND OTHER EMPIRICAL QUESTIONS)", Brad Biddle, Andrew White and Sean Woods, Arizona State University Sandra Day O'Connor College of Law, 2010.9

이번 장에서는 표준의 분야별로 대표적인 사례들을 알아보고자 한다. 우선 제품 표준 또는 산업 표준에서 ISO 및 IEC로 대표되는 국제표준과 우리나라 KS에서의 주요 표준들을 살펴보자. 또 국가별로 서로 다른 업무 관행, 특히 언어 및 숫자에서의 차이, 교통 체계 및 입출국 절차 등을 알아보고, 성문화되지는 않았으나 관행에서 큰 차이가 있는 사례들을 지리적·역사적·문화적으로 가장 가까운 사이인 우리나라·중국·일본 3국에서 찾아보자.

1. 국제 표준

(1) 종이의 크기

현재 우리 주위에서 가장 쉽게 접할 수 있는 국제 표준에 따른 제품은 사무용 종이이다. 그 가운데서도 컴퓨터 프린터나 팩스 등에 가장 많이 사용되는 용지는 A4 용지로서, 이것은 종이의 A계열 표준 중에서 A0, A1, A2, A3에 이어 5번째에 해당하는 크기이다. 그 용지의 크기가 어떻게 규정되는지는 오른쪽 그림을 보면 쉽게 알 수 있다.

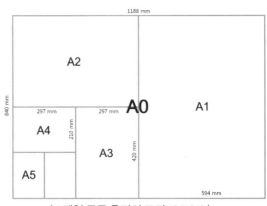

〈 A계열 표준 용지의 크기, ISO 216 〉

가장 큰 크기의 종이原紙를 A0로 정하고, 이를 절반으로 자른 것을 A1, 이것을 다시 반으로 자른 것이 A2, 이를 또 다시 반으로 자른 것이 A3. 이와 같이 절반으로 잘라 나갈수록 A 뒤에 붙는 번호를 하나씩 늘려나가는 방법

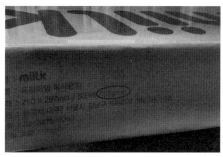

〈 A4 복사용지의 표시 사례 〉

이다. 이렇게 되기 위해서는 가로와 세로의 비가 1:$\sqrt{2}$ 가 되어야 하며, 앞의 그림에 나온 수치들은 모두 이 비율을 따른다.

그렇다면 A0의 크기인 1188mm×840mm는 어떻게 구해졌을까. 이는 A0 용지의 넓이가 1㎡가 되도록 정해진 것이다. 그렇다면 왜 1㎡일까. 이는 대부분의 종이에서 품질의 표시 방법으로 1㎡의 무게가 얼마나 되는지(g으로 나타낸다)를 사용하기 때문이다.

이와 같이 용지의 표준을 제곱미터 당 무게로 표시하면 그 표시 사항이 바로 원지인 A0의 무게가 된다. 따라서 A4 용지의 경우는 16장을 합해야 A0와 같아지므로, A4 용지 16장의 무게를 보면 납품받은 종이의 품질이 올바른지를 바로 알 수 있다. 물론 실제에 있어서는 80g을 정확히 측정할 저울을 구하기 쉽지 않으므로, 500장 들이 상자에 들어 있는 종이의 전체 무게를 측정한 후 여기에 0.032를 곱하는 방법이 바람직할 것이다.

A계열 종이의 크기를 표시하는 방법은 독일표준협회DIN가 1922년 국가 표준인 DIN 476을 제정함으로써 처음으로 표준화되었다. 이것을 ISO에서 'ISO 216'으로 채택함으로써 국제 표준이 되었고, 이를 다시 다른 나라들이 국가 표준으로 채택하여 전 세계로 보급되었다. A계열 용지의 표준이 사무 업무나 출판 시장에 얼마나 편리함을 가져다주었는지를 굳이 말

하기 보다는, 상대적으로 가로·세로의 비가 국제 표준과 다른 미국(Letter 사이즈 종이와 Legal 사이즈 종이를 주로 사용한다)이 얼마나 많은 추가적 비용을 지불하고 있는지를 살펴보면 쉽게 알 수 있을 것이다.

그리고 A계열 종이가 국제 표준화함에 따라 편지 봉투를 시작으로 만국 우편 업무가 표준화될 수 있었을 뿐만 아니라, 프린터 등 현재의 사무용 자동화 기기도 표준화될 수 있었다는 점에서도 매우 중요한 국제 표준이라고 할 수 있다.

참고적으로, A계열 용지 표준에 맞추어 제정된 표준에 펀치에 관한 표준이 있다. ISO는 'ISO 838'로 종이에 파일링용 구멍을 뚫을 때 사용하는 펀치의 표준을 정하였는데, 여기에서는 구멍 사이의 거리를 8cm로 하고 있다. 이 표준을 사용할 경우에는 A4 용지를 반으로 접어 2공 펀치로 구멍을 뚫으면 바로 4공 바인더(구멍 간의 거리는 역시 8cm)에 사용할 수 있고, 또한 2공 펀치를 두 번 사용하여 구멍 4개를 뚫을 수도 있다.

여기에서도 미국은 다른 표준을 사용하는데, 2공의 경우에는 구멍 간의 거리가 7cm(2¾인치)이다. 미국은 Letter 크기(8½ × 11인치)는 4공 바인더를 사용하지 않고 3공 바인더를 사용하는데, 여기에서 구멍 간의 거리는 4¼인치이다. 따라서 미국에서는 2공 펀치와 3공 펀치를 별도로 구비하여 사용하여야 한다.

이제 우리나라의 사무용지는 모두 A계열 용지로 전환되었으나, 펀치의 경우는 아직도 미국식 표준을 따르는 곳에서는 7cm 펀치가 상철上綴에 주로 사용되고 있다. 좌철左綴을 하는 경우에도 미국식 3공 바인더가 주로 사용되며, 일부에서 ISO 838에 의한 2공 바인더가 사용되는데 이를 사용하려면 8cm 펀치가 필요하다. 즉 경우에 따라서는 7cm 펀치와 8cm 펀치, 그리고 3공 펀치를 모두 갖추어야 할 상황도 발생한다. 종이 크기와 펀치 간의 불일치와 이로 인한 비효율을 제거하기 위해서는 펀치 표준의 개정이 필요할 것으로 보인다.

(2) 화물 컨테이너

화물 컨테이너는 전 세계의 모든 나라에서 상품 수송에 사용하고 있다. 또 컨테이너는 이제 화물 수송뿐만 아니라 이것을 개조하여 간이 주택으로도 사용한다. 컨테이너가 이렇게 전 세계적으로 확산된 데에는 ISO가 컨테이너를 표준화한 것이 크게 기여하였다.

〈화물용 컨테이너〉

화물 컨테이너의 국제 표준은 ISO가 굉장히 자랑스러워 하는 표준이다. 화물 컨테이너는 물류 체계를 근본적으로 변화시켜 현재의 글로벌 무역 체제를 가능하게 했을 뿐만 아니라, 중소기업들도 국제 무역에 쉽게 접근할 수 있도록 함으로써 세계화의 혜택을 공유할 수 있도록 하는데 핵심적인 역할을 하였다. 이러한 컨테이너가 있기에 중소기업들도 생산 제품을 컨테이너에 직접 적재하여 바로 해외로 보낼 수 있게 되었으며, 외국으로부터 받은 원부자재들도 직접 받아볼 수 있게 되었다.

컨테이너가 일상화되기 전에는 필요할 때마다 목재로 상자를 만들어 여기에 상품을 넣어 발송하였는데, 상자들의 크기도 제각각이어서 운송 효율을 떨어뜨렸을 뿐만 아니라 떨어뜨리거나 비를 맞을 경우 내용물이 손상될 가능성도 높았고, 나무 상자는 쉽게 뜯어낼 수 있었기에 운송 도중에 분실될 우려도 제법 있었다.

이러한 문제점을 해결하기 위한 수단으로 재사용이 가능한 철제 컨테이너를 만들어 내부에 화물을 적재하는 방안이 있었는데, 특히 2차 세계대전 무렵부터 본격적으로 검토되기 시작하였다. 그러나 이것이 제대로 사용된 것은 6·25 전쟁 중 미군이 자국으로부터 한국으로 물자를 수송하기 위해 채택한 CONEX Container Express가 최초이다. 여기에는 완전히 잠글 수 있는 문을 달아 적재 및 하역도 용이하게 하면서 보안성도 확보하도록 설계되었다. 당시 미군은 CONEX를 사용함으로써 물자의 파손이나 좀도둑질로 인한 손실을 크게 줄일 수 있었다고 한다.[2] 이후 미군은 월남전에서 CONEX를 많이 활용하게 된다.

그 이후 세계 주요 무역국의 물류 전문가들은 ISO에서 화물 컨테이너를 표준화하려는 노력을 시작하게 되었다. 이 과정에서 미군이 만든 기준이 논의의 시발점이 되었으며, 국가별로 조금씩 다른 철도 선로 폭과 터널 크기에 모두 적합한 표준을 만드는 데 노력이 기울여져, 비록 제정까지 어느 정도의 시간은 걸렸으나 모든 국가에서 통용될 수 있는 표준이 만들어지게 되었다.

결국 1968년에 컨테이너의 형상과 크기에 대한 표준이 ISO Recom-

---

2) 당시 미군은 부산항에 도착한 나무 상자 중 90%가 부두 노동자들이 거치게 취급하여 부서졌다고 기록하고 있는데, 여기에는 파손율이 유난히 높았던 것에도 이유가 있는 것으로 보인다.
3) ISO는 1973년까지는 제정한 표준의 명칭을 Recommendation이라고 했으나, 그 이후부터는 International Standard라고 했다.

mendation[3] 668(이후에 Standard로 전환)로 제정되었으며, 컨테이너 표면에 정보를 표시하는 방법 및 내용에 대한 기준도 ISO R 790(이후 ISO 6346으로 개정)으로 제정되었다. 이후 ISO는 컨테이너와 관련한 표준을 지속적으로 제정하였으며, 그 결과는 다음 표와 같다.

〈화물 컨테이너와 관련된 ISO 표준 목록〉

표준 번호	표준 명칭
ISO 668	Freight containers – Classification, dimensions and ratings
ISO 830	Freight containers – Terminology
ISO 1161	Freight containers – Corner fittings – Specification
ISO 1496	Freight containers – Specification and testing
ISO 2308	Hooks for lifting freight containers of up to 30 tons capacity – Basic requirements
ISO 3874	Freight containers – Handling and securing
ISO 6346	Freight containers – Coding, identification and marking
ISO 8323	Freight containers – Air/surface (intermodal) general purpose containers – Specification and tests
ISO 9669	Freight containers – Interface connections for tank containers
ISO 9711	Freight containers – Information related to containers on board vessels
ISO 9897	Container equipment data exchange (CEDEX)
ISO 10368	Freight thermal containers – Remote condition monitoring
ISO 10374	Freight containers – Automatic identification
ISO 14829	Freight containers – Straddle carriers for freight container handling – Calculation of stability
ISO 17712	Freight containers – Mechanical seals
ISO 18185–3	Freight containers – Electronic seals – Part 3: Environmental characteristics

(3) 사진 필름의 감도

최근에는 디지털카메라가 널리 보급되어 일반인이 필름을 사용하는 경우를 거의 볼 수 없게 되었다. 그러나 불과 10여 년 전만 하더라도 ISO 표준을 가장 보기 쉽게 명시해 놓은 것이 사진 필름이었다. 사진 필름에는

ISO 100, ISO 200, ISO 400 등의 표시가 인쇄되어 있었는데, 이들은 모두 필름 감도에 대한 표시로서 숫자가 높아질수록 높은 감도를 가

〈ISO 감도 표시가 된 사진 필름 포장(WIKIMEDIA COMMONS)〉

진 것을 나타내는 것이었다. 'ISO 100'으로 표시된 필름보다는 'ISO 200' 필름의 감도가 2배 높은 것인데, 예를 들어 ISO 100 필름에서 노출 시간이 1/125초였다면, ISO 200 필름에서는 1/250초로 설정할 수 있었다.

10여 년 전에 ISO 표준에 대한 홍보를 할 때 대표적인 표준으로 소개되었던 것이 바로 이 표준이었다. 그러나 지금은 2012년 초에 Kodak이 파산하고 필름 생산을 중지한 것에서 알 수 있듯이 사진 필름은 구하기조차 어려운 제품이 되었고, 더불어 여기에 표시되던 각종 ISO 표준도 구경하기 어렵게 되었다.

(4) 국가 코드

IT 시대가 되어 사진 필름이 사라지면서 ISO 감도 표시 표준도 보기 어렵게 되었지만, 오히려 더 많이 사용하게 된 표준이 있으니 바로 국가 코드 표준이다. 인터넷 주소를 쓸 때 가장 뒤에 오는 두 자리 코드가 ISO가 정한 국가 코드이다.

http://www.kats.go.kr
http://www.asahi.co.jp

ISO는 국가 코드를 두 자리 코드alpha-2 및 세 자리 코드alpha-3로 구분하여 ISO 3166으로 제정하였다. 세 자리 코드의 사례는 다음과 같다.

〈ISO 국가 코드 사례〉

국가 코드	alpha-2	alpha-3
대한민국	KR	KOR
미 국	US	USA
독 일	DE	DEU
영 국	GB	GBR
일 본	JP	JPN

그런데 여기에서 세 자리 코드를 보면 올림픽이나 월드컵 축구 경기에서 보던 기호와 비슷하기는 하지만, 약간 다른 점을 찾을 수 있을 것이다. ISO에서 제정한 표준이 있음에도 불구하고 IOC나 FIFA는 자기들의 독자적 코드 체계를 사용한다. 다음 표는 이것이 서로 다른 대표적인 국가들의 사례이다.

〈ISO, IOC 및 FIFA의 국가 코드가 서로 다른 사례 〉

Country	ISO	IOC	FIFA
Algeria	DZA	ALG	ALG
Bahrain	BHR	BRN	BHR
Bangladesh	BGD	BAN	BAN
Bhutan	BTN	BHU	BHU
Botswana	BWA	BOT	BOT
Brunei	BRN	BRU	BRU
Bulgaria	BGR	BUL	BUL
Cambodia	KHM	CAM	CAM
Chile	CHL	CHI	CHI
Congo, Republic of	COG	CGO	CGO

〈ISO, IOC 및 FIFA의 국가 코드가 서로 다른 사례 〉

Country	ISO	IOC	FIFA
Croatia	HRV	CRO	CRO
Denmark	DNK	DEN	DEN
El Salvador	SLV	ESA	SLV
Germany	DEU	GER	GER
Greece	GRC	GRE	GRE
Indonesia	IDN	INA	IDN
Iran	IRN	IRI	IRN
Kuwait	KWT	KUW	KUW
Lebanon	LBN	LIB	LIB
Malaysia	MYS	MAS	MAS
Mongolia	MNG	MGL	MGL
Nepal	NPL	NEP	NEP
Netherlands	NLD	NED	NED
Philippines	PHL	PHI	PHI
Portugal	PRT	POR	POR
Saudi Arabia	SAU	KSA	KSA
Singapore	SGP	SIN	SIN
South Africa	ZAF	RSA	RSA
Sri Lanka	LKA	SRI	SRI
Sudan	SDN	SUD	SDN
Switzerland	CHE	SUI	SUI
United Arab Emirates	ARE	UAE	UAE
Vietnam	VNM	VIE	VIE
Zimbabwe	ZWE	ZIM	ZIM

2. 한국산업표준(KS)

우리나라의 산업 표준화를 살펴보면, 초창기에는 경제 발전에 필요한 기술 이전을 신속히 꾀하기 위해 일본의 JIS(일본공업규격)를 그대로 도입하는 방식으로 이루어졌다. 1990년대 중반 이후부터는 우리나라 기업 및 전문가들의 국제 표준화 활동에의 참여가 이전에 비해 크게 늘어나 IEC 등에서는 표준안을 가장 많이 제출하는 국가 중 하나로 부상하게 되었으나, 국내 표준의 제정에 있어서는 아직도 ISO 및 IEC 등의 국제 표준을 번역하여 도입하는 경우가 많다.

ISO 및 IEC 표준을 국가 표준으로 채택하는 이유는 우리나라가 표준을 스스로 개발하기에는 국내 시장 규모가 작고, 기업들이 공공재 성격인 표준 개발에 대해 외국 기업들보다 상대적으로 관심이 적기 때문이기도 하다. 그러나 WTO/TBT 협정에서 각 회원국에게 국가 표준으로 국제 표준을 도입하라고 권장하고 있는 것과, 우리 경제의 국제화가 가속화되어 국제 표준의 수요가 늘어나게 된 것도 중요한 원인의 하나이다.

실제로 1990년대 중반 이후부터는 표준화의 선진국이라는 영국, 독일 등에서도, 자국 고유의 표준을 개발하기 보다는 국제 활동에 참여하여 국제 표준을 만든 후 이를 자국 표준으로 도입하는 경향이 늘어나는 추세이다.

따라서 우리나라의 국가 표준인 KS에는 우리 환경만을 위해 우리가 독자적으로 제정한 것은 그리 많지 않다. 그러나 일부 분야에서는 우리나라만의 특성에 따른 표준을 제정할 필요가 있는데, 우리나라 사람의 신체 크기와 관련된 표준들과 일상생활과 직결된 표준들이 좋은 사례이다.

(1) 인체 치수 표준

국가마다 사람들의 신체 크기가 조금씩 다르다는 것은 경험으로써 잘 알고 있을 것이다. 해외여행을 가서 옷이나 신발을 사려 할 때에 아무리 명품이라고 하더라도 우리나라 사람들에게는 잘 맞지 않는 경우가 많다. 예를 들어 서양 사람들의 팔은 우리보다 길어 품이 맞는 옷을 찾았다 하더라도 소매가 너무 길게 되며, 신발의 경우도 우리나라 사람들은 대체로 발이 넓어 제대로 맞는 상품을 찾기가 어렵다.

또 안경이나 선글라스의 경우도 서양 사람들의 갸름한 얼굴에 맞춰진 제품은 우리나라의 둥근 얼굴에는 잘 어울리지 않는다. 또한 가전제품이나 가구를 보더라도 미국에서 판매되는 세탁기나 오븐, 또는 침대나 소파 등도 우리나라 사람들이 사용하기에는 길이가 길거나 높이가 약간 높게 느껴진다.

우리나라 사람들의 신체 크기에 대한 정보를 정확히 확보하고 있다면 의류, 가전, 가구 등 많은 분야에서 우리나라 사람들에게 더 편한 제품을 제공할 수 있을 것이고, 제조업체에서도 제품 설계에서 큰 도움을 받을 수 있을 것이다. 또한 소비자들도 자신의 몸에 잘 맞는 제품을 쉽게 찾을 수 있을 것이다.

이에 따라 우리나라에서는 1979년에 공업진흥청이 제1차 국민 표준 체위 조사 사업을 실시한 이후, 정기적으로 국민의 신체 크기에 대한 조사를 실시하여 우리나라 사람들의 체형에 따라 관련 표준들을 개정하여 왔다. 이러한 조사를 주기적으로 실시한 이유는 경제 발전에 따라 영양 상태가 좋아져 우리나라 사람들의 평균 키 등의 신체가 점점 커졌기 때문이다.

이러한 조사 사업의 결과를 활용하여 2001년 1월에는 초·중·고교용 책상과 걸상의 KS를 28년 만에 개정하게 되었다. 이때 우리나라 학생들의 신체가 커짐에 따라 책상과 걸상의 표준이 개정된 것은 당연한데, 이것이 가능하게 된 또 하나의 이유는 학급당 학생 수가 감소하여 교실에 더 적은 숫자의 책상을 놓아도 괜찮게 되었기 때문이었다.

이후 국민 표준 체위 조사 사업은 2003년에 한국인 인체 치수 조사Size-Korea로 명칭을 바꾸고, 185만 종의 인체 치수, 2만 종의 동적 치수 및 12만 종의 인체 형상 자료, 이로부터 도출된 각종 가공 자료 및 활용 기술로 구

⟨ 우리나라의 국민 표준 체위 조사 사업의 주요 성과 사례 ⟩

분야	사업 명
의류 분야	의류 제품 치수 표준화
	3차원 형상 자료를 활용한 바디 개발
	3차원 형상 자료를 활용한 2차원 평면 패턴 제도법 개발
	디지털 의류 매장 개발
	의류 매장 스마트카드 시스템 개발
생활용품 분야	장갑 치수 표준 개발
	제화사이징 시스템 개발
	한국인 발 형상 표준화
	가구 분야 KS 개선 및 설계 지원 시스템 개발
자동차 등 산업 분야	3차원 인체 형상 동작 알고리즘 개발
	3차원 인체 형상을 활용한 인체 치수 산출 S/W 개발
	3차원 인체 형상의 사이징 분석 S/W 개발
	자동차 산업 등 고기능 CAD 설계 지원을 위한 Kinematic Model 개발
	자동차 설계 기반 지원을 위한 한국형 3차원 인체 형상 템플릿 개발
특화 계층을 위한 복지 기반 구축 지원 사업	고령자 등 특화 계층 동적 치수 조사 사업
	한국인 머리 형상 측정 조사 사업
	유니버설 디자인을 위한 고령자의 인체 치수 및 기능 설정
	욕창 방지 시트 쿠션의 산업 표준 개발
	보행 장애인을 위한 동적 인체 특성 기초 연구
	인체 치수를 활용한 유아용 제품 및 시설 안전 설계 기준 개발

성된 한국인 인체 표준 정보를 구축하여 산업계에 보급하였다. 또한 2005년부터는 고령자, 영유아, 보행 장애인, 특수 직업군 종사자 등 산업 제품 및 생활 공간 설계에 있어 인체 적합성을 더욱 요구하는 특화 계층에 대한 측정 조사 사업을 진행하고 있다.

현재 이러한 사업을 통해 얻어진 주요 성과들은 앞 페이지의 표와 같으며, 인체 치수 조사 사업에 대한 상세한 자료는 사이즈 코리아 홈페이지 (sizekorea.kats.go.kr)에서 찾아볼 수 있다.

(2) 생활 표준화

실제 일상생활에서 표준화가 이루어지지 않아 불편을 겪는 사례는 우리 주위에서 쉽게 찾아볼 수 있다. 예를 들어 휴대폰이나 디지털카메라, 노트북 PC의 충전 단자가 제조 회사별로, 심지어는 제조 시기별로 각각 달라 불편을 경험한 적이 있을 것이다. 기술표준원에서는 표준화되지 않아 발생하는 국민의 불편 해소를 위해 2009년에 생활 표준화 추진 계획을 수립하고 우선 추진 분야로 50개 분야를 온라인 국민 제안 등을 통해 선정하였다.

'50대 생활 표준화' 과제는 2012년까지 완료될 예정이지만, 생활 표준화 국민 제안 사이트(www.lifestandard.or.kr)를 통해 제안되는 과제들을 대상으로 하여 표준화 작업이 지속적으로 추진할 예정이다.

이를 통해 표준이 정비된 주요 사례로는, 교통 카드를 전국의 어떤 지방에서나 상관없이 사용할 수 있도록 KS 11종을 개정하고, 이를 국토해양부 인증 사업에 활용하도록 한 것과, 휴대폰 등 모바일 기기의 한글 문자 입력 방식의 표준화, 가전제품용 공용 리모컨 및 차량용 블랙박스에 대한 표준의 제정 등이 있으며, 엘리베이터 내부의 버튼 위치를 표준화한 것(버튼을 오른쪽에 배치하도록 한 것)처럼 노약자 및 장애인 등의 편의를 꾀한 실적도 있다.

노트북 전원 어댑터의 표준화는 국내뿐만 아니라 국제 표준으로도 추진되고 있는데, 2010년 9월 전기 관련 국제 표준화 기구인 IEC에 신규 작업 항목으로 채택시키고, 우리나라가 국제 표준화 작업반Working Group의 프로젝트 리더를 맡아 국제 표준 제정을 주도적으로 추진하고 있다.

생활 표준화 추진 현황은 다음 표와 같다.

〈생활 표준화 추진 과제 현황〉

추진 연도	표준화 과제명	완료 여부	비 고
2009	장례식장 서비스 인증 도입	완료	편리한 사회
	전국 지자체 간 교통 카드 호환 사용을 위한 표준화	완료	
	취업 지원자의 편의 증진을 위한 표준 이력서 개발	완료	
	건축물 클리닝 서비스 인증 도입	완료	
	맑은 수돗물 공급을 위한 수도꼭지, 금속관 등의 수도용 제품 안전성 강화	완료	건강한 사회
2010	결혼식장 서비스 인증 도입	완료	편리한 사회
	차량 수리 센터 서비스 인증 도입	완료	
	소비자의 선택을 돕기 위한 고추장 매운맛 등급 표준화	완료	
	조립식 온수 온돌 패널 제품 평가 방법 표준화	완료	
	가전제품(TV, PC 등)의 무선 통신 시스템 표준화	완료	
	모바일 USIM 기반의 금융 거래 보안 표준화	완료	
	'빨주노초파남보' 알기 쉬운 색채 표준 활용 확산	완료	
	산후 조리원 서비스 인증 도입	완료	
	진공 청소기 먼지 봉투의 표준화	중단	
	건축용 샌드위치 패널 화재 안전성 기준 강화	완료	건강한 사회
	건축물 구조 안전성 확보를 위한 레미콘 품질 기준 강화	완료	
	경운기 브레이크등(燈) 표준화	완료	
	녹색 생활 체육 공간을 위한 인조 잔디 표준화	완료	
	세제 적정량 사용을 위한 표준 개발	완료	미래 사회

〈생활 표준화 추진 과제 현황〉

추진 연도	표준화 과제명	완료 여부	비고
2011	김치 냉장고 저장 용기의 표준화	완료	편리한 사회
	차량 운행 정보 기록을 위한 블랙박스 표준화	완료	
	공기 청정기 필터의 표준화	완료	
	엘리베이터 버튼 위치 표준화	완료	
	모바일 정보 기기(휴대폰, PMP 등) 문자 입력 방식 표준화	완료	
	병원 간 검사 결과(X-ray, CT, 초음파 등) 공동 활용을 위한 표준화	완료	
	공동주택 층간 소음 완충재 성능 측정 방법 표준화	완료	
	RFID 기반 공용 자전거 통합 관리(대여·반납) 시스템 표준화	완료	
	가전제품 공용 리모컨 표준 개발	완료	
	고령자 및 장애인용 생활 제품의 표준 개발	완료	건강한 사회
	사회적 배려 계층의 안전과 편의를 위한 공공 그림 표지 표준 확산	완료	
	차량 내장재의 휘발성 유해 물질 저감을 위한 표준화	완료	
	고령자 및 장애인의 기기 활용 편리성 향상 표준화	완료	
	의료 시험 분석 기관의 적합성 평가 체계 표준화	완료	
	(신규)노인 운동 서비스 표준화	완료	
	휴대폰용 배터리 표준화	완료	미래 사회
	요식업에서 사용하는 1인분 표준화	완료	
	전기 자동차 충전 시스템 표준화	완료	
	스마트 그리드 기반 실시간 전기 요금 관리 체계 표준화	완료	
	전기 자동차용 배터리 성능 및 안전성 평가 방법 표준화	완료	
	서비스용 로봇 성능 기준 표준화	완료	
	휴대용 멀티미디어 기기 직류 전원 장치 표준화	완료	
2012	한방용 뜸 표준화	예고중	편리한 사회
	최신 한국인 인체 정보 확산 적용을 위한 제품 표준 정비	추진중	
	노트북 전원 어댑터 국제 표준화	추진중	
	(신규)통신 요금 청구 체계 표준화	추진중	
	(신규)이어폰 표준화	추진중	

<生활 표준화 추진 과제 현황>

추진 연도	표준화 과제명	완료 여부	비고
2012	노인 요양 시설 서비스 표준화 및 인증 도입		건강한 사회
	홍수, 테러 등의 재난 대응 시스템 표준화	추진중	
	범죄 예방을 위해 공원 등 도시 설계 표준 개발	추진중	
	휴대용 심혈관 질환 자가 진단용 바이오 센서 표준화	예고중	
	방범 자재 평가 방법 표준화	추진중	
	충전형 하이브리드 자동차의 에너지 소모량 및 배출 가스 측정 방법 표준화	추진중	미래 사회
2013	(신규)전동 휠체어 표준화	추진중	건강한 사회
	(신규)등산 장비의 안전성	추진중	
	(신규)단열 및 차열 페인트의 물성 평가 기준 마련	추진중	미래 사회
2014	도로 교통 시설의 안전 · 편의성 향상을 위한 표준화	2014년 이동	편리한 사회
	(신규)실내 소음 발생원의 소음도 측정 방법 및 평가 방법	추진중	
	(신규)건축물 문짝의 표준화	추진중	
	(신규) 의류 치수 표준화	추진중	
계	59개 과제		

3. 언어 표준

국제 업무를 하다보면 같은 언어를 사용하거나 동일 문화권에 속하는 국가들 간에도 서로 다른 용어나 표현을 쓰는 경우가 매우 많다는 점을 발견할 수 있다. 영어를 쓰는 미국과 영국 사이에서 그런 사례가 많고, 같은 한자어를 쓰는 한국·중국·일본 간에 특히 그러한 경우가 많다. 우선 한자어에서의 차이부터 알아보기로 한다.

(1) 한자어

한자어들은 중국의 고전이나 고사에서 나온 경우가 많으나, 현대적 개념의 경우에는 서양의 제도와 문물을 일본이 먼저 도입한 덕분에 일본에서 만들어 낸 한자어가 많다는 것은 잘 알려진 사실이다. 그럼에도 불구하고 한국·중국·일본 사이에는 일상생활에서 많이 쓰는 단어 중 다른 것들이 종종 발견된다. 우선 찾을 수 있는 사례는 요일의 표기법이다. 한국과 일본에서는 요일 명칭을 월요일, 화요일, 수요일, 목요일, 금요일, 토요일, 일요일로 하여, 오행에 해당하는 火, 水, 木, 金, 土에 해日와 달月을 더하여 요일의 이름으로 사용하고 있다. 그러나 중국에서는 월요일부터 토요일까지는 숫자를 붙여 星期一, 星期二, 星期三, 星期四, 星期五 및 星期六으로 하고, 일요일은 星期日 또는 星期天이라고 한다.

또 표준 및 품질 분야에서만 보면, 한국과 일본은 표준과 품질이라는 단어를 공유하는 반면, 중국에서는 표준이라는 단어만을 같이 쓰고 품질에 대해서는 '질량質量'이라는 단어를 쓴다. 우리나라에서 질량은 영어로 mass에 대한 의미를 뜻하는데, 중국에서는 mass도 質量이고, 품질도 質量이다.

또한 중국과 일본인들은 '상거래商去來'라는 단어를 사용하지 않는다.

〈 '거래'에 해당하는 한국 · 중국 · 일본의 용어 차이 〉

한 국	중 국	일 본
去來	交易	取引

이러한 차이점은 서양 국가들을 한자어로 부를 때에도 나타나는데, 미국을 일본에서 '米國'이라고 부르는 것은 나름 이해할 수 있다 해도, 독일과 프랑스의 경우에도 다르다. 중국은 아예 '獨逸', '佛蘭西'라는 단어조차 사용하지 않는다.

〈서양 국가명에서의 한국 · 중국 · 일본의 차이점〉

국가명	한국	중국	일본
USA	美 國	美 國	米 國
France	佛蘭西	法 國	佛蘭西
Germany	獨 逸	德 國	獨 逸

(2) 영 어

한국·중국·일본 사이에 다른 한자어가 쓰이는 것은 외국 문물을 받아들인 시기가 다르다든지 한자를 수용한 시기가 다른 이유가 있을 수도 있겠으나, 같은 영어를 사용하는 미국과 영국 사이에서는 어떤 차이가 있을까. 물론 'center'와 'color'를 영국에서는 각각 'centre'와 'colour'로 쓴다든지 하는 차이는 많이 알려졌으니, 표준·품질 내지는 산업 분야에서 다른 사례들만 찾아보기로 하자.

우선 볼트나 너트를 돌리는 데 사용하는 공구를 우리나라에서는 대개 '스패너'라고 한다. 그러나 미국의 공구상이나 자동차 정비소에서는 이 단어를 알아듣지 못한다. 미국에서는 철저하게 'wrench'라는 단어를 사용한다. 그렇다고 해서 스패너가 틀린 것은 아닌 것이, 영국에서는 'spanner'라는 단어를 사용한다.

마찬가지 사례로 자동차의 '본네트'가 있다. 미국에서는 'hood'라고 하기 때문에 '본네트'가 일본에서 넘어온 '콩글리시'인 줄 알기 쉬운데, 영국에서는 'bonnet'라고 한다. 이와 같이 우리나라에서 쓰는 영어 단어들은 주로 영국식 용어인 것 같다.

이와 반대로 미국 영어로만 배운 것도 있다. 우리는 'z'의 발음을 [zi]로 해야 하는 것으로 배웠는데, 사실 이 발음은 한국인에게 매우 힘든 발음이다. 영어 시간에는 이렇게 배우고, 수학 문제 등에서 'z'가 나오면 여지없이 '제트'라고 읽었다. 이를테면 'x+y+z'는 '엑스 플러스 와이 플러스 제트', '3z'는 '삼 제트' 이런 식이다. 그러다보니 원어민 영어 선생님을 학원 등에서 만나게 되면 한국인들은 'z'를 왜 '제트비행기'의 [jet]라고 발음하느냐는 질문을 받기도 한다.

그런데 제트라고 읽는 것이 완전히 틀리지만은 아닌 것이, 영어의 원산지인 영국에서는 'z'를 [zed]로 발음하고 있다. 호주나 뉴질랜드 사람들도 역시 [zed]라고 읽는다. 따라서 발음이나 억양 때문에 영어에서 미리 기죽을 필요는 없을 것 같다.

'표준화'를 영어로는 'standardization'이라고 한다. 그런데 독일표준협회DIN, 프랑스표준협회AFNOR 및 유럽표준화기구CEN/CENELEC 등은 자기들의 명칭에 'standards'라는 단어를 사용하지 않고 'normalisation'이라는 단어를 쓴다. 우리말로는 '정규화'로 번역될 수 있겠다.

바로 이 때문에 국제표준화기구인 ISO는 그 명칭을 '동등'을 뜻하는 고대 그리스어인 'isos'로부터 차용하여 정하였다. 즉 International Standardization Organization의 약자가 아닌 것이다. 실제로 ISO는 명칭을 풀어 쓸 경우에는 공식 언어인 영어, 프랑스어 및 러시아어의 3가지로 다음과 같이 쓴다.

영　　어　　International Organization for Standardization
프랑스어　　Organisation Internationale de Normalisation
러시아어　　**Международная Организация по Стандартизации**

반면에 국제무역기구인 'WTO'는 영어로는 'World Trade Organization'의 약자인데, 스위스 제네바에 있는 WTO의 중앙사무국에는 현관에는 엄연히 'WTO/OMC'라고 표시되어 있다. 이는 WTO의 명칭이 공식 언어인 프랑스어 및 스페인어로는 'OMC'로 표시되기 때문이다.

프랑스어   Organisation Mondiale du Commerce
스페인어   Organización Mundial del Comercio

(3) 쓰기 방향

우리는 한글로 필기를 할 때 왼쪽에서 오른쪽으로 글을 써 나간다. 그런데 훈민정음을 창제하신 세종대왕께서도 그랬을까. 여러 책에 있는 훈민정음 사진을 보면 위에서 아래쪽으로 써 나갔으며 행行은 오른쪽에서 왼쪽으로 진행되고 있다. 1970년대에 우리나라에 유행하였던 문고판 도서가운데 상당 부분이 이러한 방식으로 인쇄되었고, 제본도 책장을 오른쪽으로 넘기는 방식으로 되어 있었다. 당시에는 신문도 이런 방식으로 인쇄되고 접혀 있었는데, 어느 사이엔가 우리나라의 책과 신문이 거의 모두 가로쓰기, 왼쪽 제본으로 바뀌었다.

그러면 우리 조상님들은 글씨를 어느 방향으로 썼을까. 서울 숭례문에 있는 현판을 보면 위에서 아래쪽으로 쓰여 있고, 광화문의 현판은 오른쪽에서 왼쪽으로 쓰여 있다. 한자로 책을 쓸 때에는 위에서 아래로, 그리고 행은 오른쪽에서 왼쪽으로 진행해 나가는 것이 표준이었다. 위에서 아래로 써 내려가는 것은 종이가 발명되기 전에 죽간竹簡이나 목간木簡을 사용할 때의 습관이 남아 있었기 때문이 아닐까.

그런데 재미있는 것은 아시아 문화권에 속하는 국가들은 어김없이 오른쪽에서 왼쪽으로 글을 써 내려간 반면, 서구 문화권에 속하는 국가들은 왼쪽에서 오른쪽으로 글을 썼다는 것이다. 지금도 서남아시아 국가들은 오른쪽에서 왼쪽 방향으로 글을 쓰고 있으며, 일본에서도 많은 책과 잡지들이 이러한 방식으로 편집되고 있다. 번역된 일본 만화를 읽으려면 처음에 이 때문에 헷갈리는 때가 가끔 있으며, 어떤 만화책에는 '이 책은 오른쪽에서 왼쪽으로 읽으세요'라고 친절히 설명문을 달아 놓기도 한다.

우리나라 사람들(특히 어느 정도 나이가 든 사람들)은 세로쓰기나 가로쓰기 모두 읽어낼 수 있다고 본다. 어떤 점에서는 양손잡이가 되었다고나 할까.

여기에 한 가지 덧붙여, 책의 제본된 부분에 제목을 인쇄할 경우 어떤 방향으로 쓰는지도 나라별로 다르다. 한자나 한글처럼 애초에 세로쓰기를 하도록 고안된 문자의 경우는 세로로 제목을 쓰면 되는데, 알파벳으로 된 책의 경우에는 글자를 한쪽으로 눕혀야 할 필요가 있다. 대부분의 영문 도서의 경우는 제목 글자를 오른쪽으로 90도 돌려서 위에서 아래 방향으로 써 나간다. 그런데 독일 등 대륙 유럽의 책에서는 왼쪽으로 90도 돌려 아래에서 위로 제목을 써 나간다. 이것 때문에 책장을 정리하다가 책이 거꾸로 꽂혔다고 착각할 때가 가끔 있다. 우리나라는 세로쓰기를 할 수도 있고, 오른쪽으로 90도를 돌려 가로쓰기를 할 수도 있다.

〈한국 · 일본 · 영국 · 독일 · 프랑스 도서의 제본 및 제목 방향〉

(4) 문장 부호

마침 독일 사례가 나왔으니 '따옴표' 등의 문장 부호도 국가마다 다르다는 점을 살펴보자. 독일어를 처음 배울 때 가르쳐 주기도 하지만, 독일의 따옴표는 우리 것과 다르게 생겼다. 미국이나 우리나라에서는 〈" … "〉와 같은 방식으로 시작과 끝나는 따옴표를 표시하지만, 독일어권에서는 '96' 모양으로 하여 〈" … "〉 방식으로 표시한다.

〈영국 키보드 – '@' 및 키의 위치에 주목할 것 (WIKIMEDIA)〉

〈독일 키보드 – 여기서 '@'는 어떻게 누를까〉

〈이탈리아 키보드〉

〈프랑스 키보드〉

'따옴표'뿐만 아니라 다른 문장 부호들도 국가별로 다른데, 이것은 PC 가 일상화된 정보화 사회에서 심각한 문제가 되고 있다. 유럽이나 중남미로 여행이나 출장을 갔을 때, 현지에서 이메일을 쓰려고 PC 앞에 앉으면 상당히 당황하게 된다. 이를테면 프랑스 키보드에서 알파벳의 위치가 우리가 사용하는 'QWERTY' 키보드와 조금 다른 것은 영어 알파벳과 프랑스어 알파벳이니 조금 다르니까 이해할 수 있다.

그러나 특수 문자, 특히 이메일 주소를 입력할 때 반드시 필요한 '@'가 어디 있는지 찾으려면 한참 헤매는 경우가 많다. 심지어는 키보드에서의 위치는 찾았는데, 'Shift' 키를 같이 눌러야 하는지, 아니면 'Alt' 키나 'Ctrl' 키를 눌러야 하는지를 짐작하기 어려운 경우도 있다. 앞 페이지의 그림을 보면 이 상황을 짐작할 수 있을 것이다.

4. 숫자 표준

(1) 소수점 및 천 단위 구분 표시

유럽을 여행하다가 환전소에 들를 때라든지, 유럽의 어떤 국가들로부터 발송된 재무 관련 문서들을 검토하다 보면 숫자를 표시하는 방법이 확실히 다르다는 것을 알 수 있다.

우리나라에서는 환율을 표시할 때, 다음과 같이 쓴다.

US$ 1.00 = KRW 1,212.99

즉 천 단위를 나누는 부호로는 콤마(,)를 쓰며, 소수점을 표시하는 기호로는 피리어드(.)를 쓴다. 그런데 유럽이나 멕시코에서는 사정이 달라진다.

프랑스, 독일 : 1 234 567,89
이탈리아 : 1'234'567,89
멕시코 : 1'234,567.89

유럽의 국가들은 대부분 소수점 표시에 콤마를 쓰고, 천 단위 표시로는 반 칸을 띄어쓰거나 위 콤마(')를 쓴다. 또 멕시코는 천 단위 구분자는 콤마를 사용하지만, 백만 단위는 위 콤마를 사용하여 표시하며 소수점으로는 피리어드를 사용한다.

우리나라는 초등학교에서 수학을 가르칠 때에는 천 단위 표시를 일절 하지 않게 되어 있는데, 회계 관련 과목을 배울 때부터는 천 단위 구분자 표시를 콤마로 하라고 가르친다. 그렇다면 도대체 어떤 국가들이 어떤 기호들을 사용할까. 그런데 신기하게도 이것은 거의 반반인 것 같다. 또 이에 대해서는 국제 표준이 없을까. 사실은 있다. ISO가 단위 표시 방법을 정리한 것에 따르면, 천 단위를 표시하는 방법은 일정 간격을 띄어씀으로써 피리어드나 콤마를 사용하지 않도록 하고 있으며, 소수점은 피리어드(프랑스의 경우는 콤마도 가능)로 표시하도록 규정하고 있다.

실제로 천 단위 구분 표시를 하는 것은 서양식 숫자 읽는 방식에 맞춘 것이다. thousand(천), million(백만), billion(십억), trillion(조)이라는 숫자는 구별 부호 없이 나열해 놓으면 읽기 전에 자리 수를 세어 보아야 하지만, 구별 표시를 해 놓으면 상당히 읽기 쉽다.

그러나 한 자리 이상의 큰 숫자를 주로 한자어로 읽는 우리나라에서는 천 단위마다 구별 표시를 한다고 해도 읽는 데는 큰 도움이 되지 않는다. 차라리 중국의 일부 지방에서 하고 있는 것처럼 만 단위 마다 구별 표시를 하는 것이 읽기 쉬울 수도 있다.

참고로 우리나라 사람들의 적응력이 매우 빠르다는 것을 여기에서도 알 수 있는데, 어느 누구에게나 한 달 정도만 회계 업무를 맡겨 놓으면 천 단위 구별 부호만 보더라도 숫자를 척척 읽어낸다. 문자 쓰는 방식에서와 마찬가지로 우리나라 사람들은 두뇌 회전도 빠르고 손재주도 우수한 것 같다.

연·월·일 표시 방법도 나라마다 다르다. 미국에서는 대개 월/일/연도 방식으로 쓴다. 예를 들어 1989년 12월 25일 같으면 12/25/'89와 같은 식이다. 그러나 유럽에서는 대개 일/월/연도로 쓴다.

25/12/89

우리나라에서는 연·월·일 순서로 쓰니까 다음과 같이 쓴다.

89/12/25

그런데 여기에도 국제 표준이 존재한다. 이 표준은 ISO 8601인데, 위의 날짜를 이 표준에 따라 쓰면 다음과 같다.

1989-12-25

여기에서는 빈칸이나 '/'를 쓰지 않고 '-'를 써서 연도·월·일을 구분하도록 하고 있다. 이 표준을 일찌감치 보급했었다면 'Y2K' 소동도 좀 덜했을 것이다.

사족으로, 우리나라 말을 배우는 외국인들이(그리고 우리나라 아이들도 처음 말을 배울 때) 골머리를 앓는 것 중 하나가 시계를 읽는 방법이라고 한다. 즉 '12시 30분'을 '십이 시 삼십 분'이라고 읽지 않고, '열두 시 삼십 분'이라고 읽는 것에 대한 것이다. 그런데 도대체 어떻게 해서 시時는 우리식 숫자로 읽고, 분分은 한자어로 읽게 되었을까.

5. 교통 체계

(1) 좌측통행/우측통행

여러 나라를 다니다 보면 길을 다닐 때 가장 먼저 조심해야 할 부분이 자동차가 좌측통행인지, 우측통행인지를 파악해야 한다는 것이다. 우리는 도로를 건널 때 차가 오는지를 확인하기 위해 대개 왼쪽을 바라보는데, 이것이 우리 몸에 밴 탓에 차량이 좌측통행을 하는 영국이나 일본에서도 이런 습관이 나타나게 된다. 그런데 이렇게 하면 차가 등 뒤에서 나타날 수 있기 때문에 매우 위험할 수 있다. 일방통행 도로가 많은 영국의 런던에서는 아예 도로 바닥에 'LOOK RIGHT'(반대편에는 'LOOK LEFT')라는 글자를 써 놓아 주의를 환기시키는 경우도 있다.

실제로 전 세계적으로 자동차가 우측통행을 하는 국가와 좌측통행을 하는 국가는 그 수로 따질 때 우측통행 국가가 훨씬 많다고 한다. 대개 영국의 연방 국가 내지는 영국과 관련되는 국가들과 일본은 좌측통행을 하고, 미국과 관련되거나 유럽 대륙과 관련되는 국가들은 우측통행을 한다.

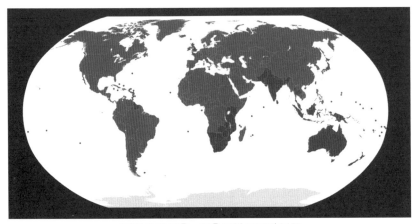

〈자동차의 좌측·우측통행 국가별 분포
(옅은 부분이 우측통행, 진한 부분이 좌측통행 (WIKIMEDIA COMMONS)〉

　영국 사람들은 사람이 위험에 처할 때 본능적으로 심장이 있는 부분을 보호하기 위해 왼쪽으로 몸을 돌리게 되고, 따라서 자동차가 좌측통행을 하는 것이 긴급 상황에서 정면 충돌을 피하기에 더 유리하다고 말하는데, 이건 나중에 그렇게 만들어 낸 이야기가 아닌가 싶다. 실제로는 마차에서 오른손에 채찍을 든 마부가 옆자리의 조수로 인해 채찍질이 방해되지 않도록 하기 위해 오른편 좌석에 앉아 왔고, 이 관습이 자동차로 이어졌다는 것이 오히려 더 그럴 듯한 설명인 것 같다.

　철도의 복선 철로에서 오른쪽 선로로 달리는지 왼쪽을 이용하는지는 또 다른 사안인데, 우리나라의 경우는 철도와 지하철 중 일부에서는 좌측통행을 하고 있고, 서울 2호선 등 지하철로만 이루어진 구간에서는 우측통행을 하고 있다. 서울 4호선처럼 수도권 구간에서는 좌측, 서울 시내 구간에서는 우측 선로를 달리는 경우도 있다. 그런데 이것은 외국도 거의 마찬가지여서 '그때그때 달라요'가 정답인 듯하다. 우측통행이 일반화된 프랑스에서도 철로는 좌측통행을 하는 경우가 많고, 이러한 현상은 다른 나라의 지하철에서도 마찬가지이다.

선박 및 비행기의 경우는 국제 규범에 따라 우측통행을 의무화하고 있다.

운전석의 위치도 좌측통행 또는 우측통행에 따라 다른데, 자동차의 경우 좌측통행을 하는 국가의 경우에는 오른쪽에 운전석이 있고, 우측 통행을 하는 국가에서는 왼쪽에 운전석이 있다는 것은 상식이다. 그런데 우측통행을 하는 배의 경우, 모터보트를 타 본 경험이 있는 사람들은 혹시 눈여겨보았을지 모르지만, 조타석이 오른쪽에 있는 경우가 대부분이다.

비행기의 경우는 주조종사와 부조종사 2명이 양 옆으로 앉는 조종석에서는 왼쪽 좌석이 주조종사 자리이다. 그런데 헬리콥터에서는 또 다른데, 대부분 오른쪽 좌석에 주조종사가 앉는다.

그래서 결론은 조종석의 위치에는 통일된 국제 표준이 없다.

(2) 도로 내 우선권 / 로터리 진입 방법

요즘은 해외 출장을 가서 차를 렌트하는 경우가 많기 때문에 국제 운전 면허증을 꼭 준비할 필요가 있다. 그런데 국제 운전 면허증은 우리나라 운전 면허만 취득해 놓으면 그냥 발급해 주는 것을 보면(물론 수수료는 있다), 세계 각국의 도로 교통 법규가 그런대로 거의 같기 때문에 가능한 것이 아닌가 하는 생각이 든다.

실제로 해외에서 운전을 해 보면 도로 표지판이나 안전 표시가 우리나라 것과 약간 모양은 다르지만, 직관적으로 이해하는 데에는 별로 문제가 없는 수준이고, 도로 교통 법규도 안전 운전을 하게 되면 큰 문제는 되지 않는다. 좌측통행을 하는 국가에서도 하루나 이틀 정도의 적응 기간만 지나면 크게 불편하지 않게 차를 몰고 다닐 수 있다(물론 자동 변속기 차량이어야 하겠지만).

그런데 단 한 가지 적응이 잘 되지 않는 것은 도로 내 우선권과 로터리 진입 방법이 다르다(특히 프랑스)는 것이다. 대개 직선 도로가 있고 다른 한 쪽에 접속된 도로가 있을 경우, 직진 주행차가 진입차보다 우선이라는 것이 우리의 상식이다. 그런데 프랑스에서는 진입차가 우선인 것 같다.

마찬가지로, 로터리에서도 돌아가는 차가 우선권을 가지고 있기 때문에 로터리에 새로 진입하는 차가 나중에 들어와야 하는 것으로 우리는 생각하는데, 프랑스에서는 진입하는 차가 우선권을 가진 것처럼 보인다. 파리의 개선문을 둘러싼 로터리에서 택시를 타 본 사람들은 이 말이 어떤 뜻인지 짐작하실 수 있을 텐데, 실제로 독일 등의 인접 국가에서 차를 몰고 휴가 여행을 온 사람들이 파리의 로터리에 한번 들어갔다가 나오지를 못해 하루 종일 빙빙 돌기만 했다는 '믿거나 말거나' 식의 이야기를, 파리에 사는 교민들로부터 자주 듣기도 한다.

비슷한 상황이 베트남에서도 있는데, 그곳에서는 주도로로 진입하는 자동차나 오토바이가 직진하는 차들을 아예 쳐다보지도 않는 것처럼 무모하게 들어온다는 느낌을 가질 때가 많다. 베트남이 소득 수준이 아직 낮고 안전에 대한 개념이 약해서 그런 것만은 아니고, 프랑스와의 역사적 특수 관계 때문에 그런 것이 아닌가 하는 생각이 들게 하는 부분이다.

여기에서의 결론! 항상 로컬 룰이 표준이므로 현지인 또는 교민들에게 먼저 물어보는 것이 우선일 것이다.

(3) 자동차 번호판의 크기 · 위치 및 모양

우리나라도 몇 년 전에 자동차 번호판의 규격이 몇 번 바뀌는 탓에, 지금 다니는 자동차들은 몇 가지 서로 다른 형태의 번호판을 달고 있다. 어떤 차들은 녹색 바탕 위에 하얀 글씨로 된 번호판을 달고 있고, 어떤 차들은 흰색 바탕에 검은 글씨로 된 번호판을 달고 있다. 번호판의 가로·세로 크기에 있어서도 새로운 흰색 바탕의 번호판까지도 가로 방향으로 긴 번호판과 이전 방식으로 된 번호판을 모두 허용하고 있다. 즉 520mm×110mm가 기본이지만, 335mm×155mm 또는 335mm×170mm도 허용된다.

우리나라에서는 자동차 앞뒤에 모두 번호판을 부착하여야 하지만, 미국에서는 주州별로 기준이 달라 차량 뒤에만 붙이는 것이 의무화된 경우도 있다. 그런데 유럽 국가들이 미국 정부에 제기한 무역상 기술 장벽 목록에 자동차 번호판 부착 기준이 주별로 서로 다른 것이 포함되어 흥미롭다. 이에 따르면, 번호판의 크기나 가로·세로 비율이 다른 것은 차치하고라도, 번호판의 부착 위치(지면으로부터의 높이)가 미국의 몇몇 주에서 다르게 규정되어 있다는 것이다. 다음은 EU와 미국 여러 주에서의 등록 번호판의 크기와 부착 위치의 지면 높이에 대한 규정이다.

구 분		지면 높이 (h)	크 기
EU		30cm〈h〈100cm(또는 109cm)	520mm×110mm 또는
		340mm×200mm	340mm×200mm
미국	앨라배마/캘리포니아	30.5cm〈h〈152.4cm	305mm×152mm
	켄터키	h〉20.3cm	
	미주리	20.3cm〈h〈121.9cm	
	뉴저지/뉴욕/워싱턴	30.5cm〈h〈121.9cm	
	기타	h〉30.5cm	

6. 공항 출입국 절차

해외 출장을 다니다 보면 짐을 어디에서 찾고 통관을 해야 하는지를 챙기는 데 골치가 아픈 경험이 많다. 미국에서는 비행기를 처음 내리는 곳에서 일단 짐을 찾아 통관을 한 후 다시 최종 기착지로 짐을 부쳐야 한다. 공항 캠퍼스 안에 복잡하게 터미널이 배치되어 있는 뉴욕의 'JFK 공항'과 같은 곳을 거쳐 미국 내의 다른 도시로 가는 외국인에게는 이러한 일이 매우 성가신 골칫거리가 되기도 한다.

그런데 EU의 경우는 서울에서 출발한 이후 비행기를 도중에 어떻게 갈아타더라도 도중에 짐을 다시 찾아 부칠 필요가 없다. 말레이시아에서도 동일한 시스템을 채택하고 있는데, 여행객이 콸라룸푸르 공항에 도착하여 지방 도시로 가게 될 경우, 짐을 찾은 후 다시 부칠 필요가 없다.

이러한 차이는 공항의 운용 방식과 출입국 절차에서의 차이 때문이다. 문제는 모든 국가와 공항마다 운용 시스템과 절차가 모두 다르다는 것이다. 특히 통과 여객의 경우는 가능하면 미국을 거치지 않는 것이 편하다는 것은 이제 많이 알려진 사실이다. 예를 들어 서울에서 중남미 국가로 갈 때에 미국을 거치지 않거나(사실 유럽이나 중동 지방을 경유하는 것이 더 빠르다), 어쩔 수 없다면 아예 하루나 이틀 정도 머무는 것이 오히려 나을 수도 있다. 통과 여객의 불편은 우리나라에서도 인천공항이 가동되기 전에는 마찬가지였다. 김포공항은 1터미널과 2터미널로 나뉘어 운영되고 있었기 때문에, 1터미널로 서울에 도착한 통과 여객이 2터미널을 통해 출국하는 것은 공항 직원의 직접 안내가 없으면 매우 어려웠다. 그러나 지금의 인천공항은 국제기관들로부터 세계 1위라는 평가를 받고 있듯이, 통과 여객들에게 매우 편한 서비스를 제공하고 있는 것으로 유명하다.

7. 동양 3국에서의 관행

한국·중국·일본 3국은 사람들의 생김새도 비슷하고 문화적으로도 많은 점을 공유하고 있어, 우리가 생각하는 것처럼 그 나라 사람들도 그렇게 생각하겠거니 하고 있다가 오해를 사는 수가 있다. 다음은 이러한 사항들을 모아 본 것이다.

(1) 밥상 예법

우리나라에서는 밥상 위에 젓가락을 놓을 때 뾰족한 쪽이 자기의 반대편을 향하도록 놓는데, 일본에서는 젓가락을 자기의 몸과 평행하게 뾰족한 쪽이 왼쪽을 향하도록 놓는다.

밥을 먹을 때에도 우리는 밥그릇을 밥상 위에 놓은 채로 먹어야 하는데, 일본인은 밥그릇을 내려놓은 채로 먹는 것을 싫어한다. 중국인도 밥그릇을 들고 먹는 것이 결례가 아니다.

또 우리가 반찬, 특히 한 그릇의 냄비에 담겨 있는 찌개를 함께 떠먹는 것까지는 굳이 이야기 할 필요가 없겠지만, 식사 시의 예법은 3국 간에 많이 다르다. 이러한 예법의 차이는 외국 사람들과의 비즈니스 식사 때 반드시 알아두어야 상대방의 불쾌함을 사지 않을 수 있다.

(2) 금기 사항

또 3국 간에는 금기 사항도 약간씩 다르다. 우리나라에서는 이름을 붉은 글씨로 쓰거나 숫자 4를 사용하는 것을 매우 싫어하는데, 이러한 금기는 다른 나라에도 있다.

중국에서는 선물로 탁상시계를 주면 안 된다. 이는 '시계'의 발음이 '죽을 死'와 비슷하기 때문이라고 한다. 우리나라 사람에게 탁상시계는 좋은 선물이 되기도 하는데, 중국사람에게는 이런 선물은 피하는 것이 좋을 것이다. 일본에서는 기념사진을 찍을 때 세 명이 같이 서는 것을 싫어한다고 한다. 이럴 경우 가운데 있는 사람이 가장 먼저 죽는다는 미신이 있어서라고 하는데, 일본 내 유명 관광지에서는 어쩔 수 없이 세 명이 같이 찍어야 할 경우를 대비, 액땜용으로 인형을 준비해서 사람들이 안고 찍게 하여 화면 안에 4명이 나오도록 한다고 한다.

(3) 한약 또는 음식

우리나라에서는 '이열치열以熱治熱'이라고 하여 여름에 뜨거운 삼계탕을 즐겨 먹고, 겨울에는 뜨거운 방바닥 위에서 차가운 동치미 국물이나 냉면을 먹는 것을 좋아한다. 그러나 베트남 사람들은 인삼이 발열 음식이라 하여 여름에는 먹지 않는다. 마찬가지 이유로 개고기도 여름에는 먹지 않는다.

베트남에 겨울이 있다면 믿지 않는 사람들도 많겠지만, 언제나 여름인 호치민 시와는 달리 북쪽으로 1,500km 떨어진 하노이의 1~2월은 매우 춥다. 우기雨期에는 종일 비가 내리는 날씨가 두 달여 동안 지속되기 때문에 한국인에게도 매우 추운 날씨이며, 서울에서 입던 겨울옷을 그대로 입어도 될 정도이다. 그래서 교통 수단으로 자전거나 오토바이를 타야 하는 현지인들은 오리털 파카를 입고 다닌다.

이렇게 추울 때 하노이 사람들이 좋아하는 요리가 개고기이다. 아침에 식당 앞을 지나치다 보면 아침부터 개를 통돼지 바베큐 하듯이 숯불 위에서 빙빙 돌려가며 굽는 것을 볼 수 있다. 베트남에서는 우리와 달리 여름이 개들의 수난 시절이 아니다.

경제
성장과
표준

PART III

1. 경제 성장에 있어서의 표준의 역할
2. 국가별 사례

경제 성장과 표준

1. 경제 성장에 있어서의 표준의 역할

일반적으로 표준이 경제 성장에서 갖는 기능은 크게 다음의 세 가지로 요약할 수 있다.

① 경제 활동의 원활화
  · 제품 정보 제공 : 판매자와 구매자 간에 정확한 정보를 전달할 수 있게 하여 신뢰도를 제고하는 한편 비용을 절감한다.
  · 생산 공정 관리 : 공정 관리의 표준화로 일정 품질의 확보를 가능하게 한다.

- 생산성 향상 : 대량 생산을 가능하게 하고 비용 절감을 도모할 수 있게 한다.
- 경쟁 환경 조성 : 제품 간의 비교를 가능하게 하여 경쟁을 촉진한다.
- 호환성 확보 : 부품 교체와 상호 접속을 가능하게 한다.
② 상호 이해를 위한 행동 규칙
- 언어, 용어, 제도 기호 등을 통해 의사소통을 쉽게 하고 시험 방법 등 객관적 평가 기준을 제공한다.
③ 사회적 목적의 달성 수단
- 공중위생, 환경 보건, 안전성 확보 등의 사회적 목적들을 달성하기 위한 요구 수준을 규정한다.

(1) 경제 활동의 원활화

표준화가 경제 성장에 본격적으로 기여하기 시작한 것은 산업 혁명 이후이다. 이전의 표준화는 조세 징수에서의 편의와 공정성을 담보하기 위한 수단으로서 도량형에 대한 것에만 국한되어 있었다. 또 특정 기업에서 사내 표준화를 시행하거나 특정 업종 안에서 표준을 정하여 시행하는 수준에 머물러 있었고, 국가적 차원에서의 표준화는 그때까지 이루어지지 않고 있었다.

경제 활동의 원활화와 관련된 국가적 표준화는 1841년 영국의 Sir Joseph Whitworth가 나사의 형상과 피치를 표준화하여 국가 표준으로 작성한 것을 최초라고 본다. 지금은 나사가 서로 들어맞는 것이 당연하게 생각되지만, 그때까지만 하더라도 업체나 제품별로 나사의 형상과 크기가 달라 호환되기가 어려웠다. 우리나라에서는 기계 제품에 사용되는 나사와 배관용 파이프에 사용되는 나사가 서로 다른 표준을 사용하고 있어 호

환성이 없는 것은 물론이고, 스패너나 바이스 등의 공구도 서로 맞지 않는 실정이다.[4]

영국은 산업 혁명을 최초로 시작한 국가답게 국가 차원의 표준도 가장 먼저 시작하였으며, Whitworth 나사 표준 하나만으로도 기계 공업에서의 생산성을 유럽의 다른 국가에 비하여 높게 유지할 수 있었다. 즉 이러한 표준을 활용하여 증기 기관이나 철도 기계 등 주요 기계 제품을 생산할 때, 부품별로 여러 기업에게 하도급을 주고 모기업에서는 최종 조립만 할 수 있는 시스템을 도입하였는데, 이는 현대적 제조업의 모태가 되었다고 할 수 있다.

여기에 앞서 기술한 테일러의 과학적 관리 방법 등이 추가되면서 표준화는 경제 발전에 큰 역할을 하게 된다. 국가 차원의 영국표준협회BSI: British Standards Institution, 1901년 Engineering Standards Committee로 출범를 가장 먼저 설립한 국가가 영국이며, 또 제품 인증 제도Kitemark , 1903년를 가장 먼저 도입한 나라도 영국이라는 점을 보면, 경제 성장에서 표준화가 갖는 중요성을 짐작할 수 있을 것이다.

(2) 상호 이해를 위한 행동 규칙

20세기에 들어서서 유럽의 여러 선진국들이 국가 표준화 기관을 설립하고 국가 표준을 본격적으로 제정하기 시작하면서, 상호 이해를 위한 행동 규칙으로서의 표준화도 활성화되기 시작하였다.

다음 표는 유럽 국가들의 표준화 기관 설립 시기를 보여주는데, 산업화의 속도에 따라 표준화 기관이 설립되었음을 알 수 있다.

---

4) 기계 제품에서는 미터 나사, 배관용품에서는 Whitworth의 표준에 근거한 인치 나사를 사용한다.

〈국가별 국가 표준화 기관〉

구분	영국	독일	프랑스
국가 표준화 기관	BSI	DIN	AFNOR
설립 연도	1901	1917	1939
법적 지위(현재)	Royal Charter를 통한 독점적 지위	연방 정부와의 독점적 계약	법령(No.2009-697, 2009.2.16)을 통한 독점적 지위
표준 보유 종수 (2010년 기준)	31,438	31,021	33,110
인증 제도명(마크)	Kite mark	DIN **DIN**	NF
인증 개시 연도	1903	1917	1939
인증 품목 수 (2010년 기준)	192	DIN은 2005년 인증 사업을 민간 기관에 매각	183

(3) 사회적 목적의 달성 수단

표준화가 사회적 목적의 달성 수단으로서 사용되기 시작한 것은 비교적 최근의 일로서, 1980년대에 영국 정부가 시작한 규제 개혁이 큰 역할을 하였다. 이때부터는 정부 기관이 직접 나서서 규제를 하기 보다는 민간 분야의 역량을 활용하여 여기에서의 결과를 수용해 주는 방법으로 규제 개혁이 이루어졌는데, 이때 표준화와 인증의 역할이 주목받게 되었다.

그리고 이때까지만 해도 정부의 공무원들이 기술 기준을 제정해 오던 것을 지양하고, 국가 법령에서는 최소한의 요건만을 규정하고 모든 분야의 이해 관계자 또는 전문가들이 모여 만든 표준을 기술 기준으로 활용하는 방법을 도입하게 되었다. 또 공무원들이 직접 업체에 나가서 하던 검사를 지양하고, 민간의 제3자 기관이 심사하여 발급한 인증서를 수용하는 방법도 채택하게 되었다.

이러한 방식은 이후 EU에서 New Approach 및 Global Approach 방법으로 기술 규제를 개혁할 때 거의 그대로 활용되었다. 이에 따라 현재 유럽에서는 지역 표준화 기구인 CEN, CENELEC 및 ETSI가 제정하는 표준이 기술 규제에서의 기술 기준으로 사용되는 경우가 많아지게 되었으며, ISO 9000과 같은 제3자 품질 경영 시스템 인증 제도가 새로운 국제적 비즈니스로 부상하는 계기를 마련하게 되었다.

또한 1990년대 이후 환경 문제와 윤리 경영에 대한 국제적 관심이 높아짐에 따라, 이러한 사안들에 대해 정부가 직접 나서 기준을 제정하기 보다는 모든 이해 당사자가 모여 자율적으로 만든 표준을 활용하려는 시도가 많아지고 있다. 최근 ISO가 제정한 사회적 책임에 대한 표준 ISO 26000이라든지, 온실 가스 등의 환경 문제에 대한 표준 ISO 14000 시리즈와 같은 것들이 좋은 사례이다.

(4) 표준화의 성과

국가의 경제 성장에서 표준이 끼친 가장 긍정적인 성과들은 표준이 품질 운동과 결합되었을 때 나타났다. 미국에서는 Taylor의 과학적 관리 방법과 표준화가 연계되어 가장 큰 성과를 나타낸 것으로 평가되고, 2차 세계 대전 이후 일본의 경제적 부흥 또한 표준화를 품질 정책과 효과적으로 결합하여 사용한 결과라 할 수 있다. 우리나라 또한 표준 정책이 초기부터 품질 정책과 긴밀하게 결합되어 운영된 결과 1960년대 및 1970년대의 고속 경제 성장을 이룰 수 있었다고 평가된다.

그리고 표준화를 논할 때 간과되기 쉬운 또 하나의 다른 기능은 기술 이전 기능이다. 표준을 통해서 후발 기업은 선발 기업으로부터, 개발도상국은 선진국으로부터 어려운 과학적 실험이나 불필요한 시행착오 없이 선인先人들의 축적된 지식을 그대로 답습할 수 있다.[5] 이를테면 ISO는 개발도상국 회원 기관들에게 ISO 활동 참여의 대표적인 장점으로서 기술 이전 효과를 설명하고 있으며, 유럽의 여러 국가에서도 기술 표준을 개발할 전문가 집단이 없고 비용이 많이 드는 점을 생각하여 독일, 영국 등 인근 선발 국가의 표준을 그대로 도입하여 국가 표준으로 채택하는 경우가 많다.

그러나 모든 정책이 다 그렇듯이 표준화에도 부정적인 측면이 존재하는데, 획일화로 인한 혁신 저해가 바로 그것이다. 미국에서도 이러한 측면으로 인한 부작용이 발생한 바 있었고, 과거 소련에서는 매우 심했었다. 또한 표준을 잘못 선택한 관계로 피해를 입은 경우도 있었는데, 이것은 이후의 '표준 전쟁' 부분에서 다시 다룰 것이다.

---

5) 이러한 예로서 일반 가정용 공급 전력의 주파수를 들 수 있다. 가정용 교류 전력의 주파수는 전 세계적으로 50Hz나 60Hz로 정해져 있다. 그런데 왜 50이나 60이라는 숫자를 택하게 되었을까? 여기에는 사람의 눈에 대한 인간 공학적 지식이 숨어 있다.

백열전구를 교류 전력으로 사용할 경우, 교류 전력의 주파수에 따라 깜박거림이 발생한다. 주파수가 매우 낮아, 예를 들어 1Hz라면 전압이 1초에 두 번 0V를 통과하기 때문에 같은 빈도로 전구가 깜박거리는 것을 느끼게 된다. 이를 피하려면 전구가 사람의 눈이 느끼지 못할 만큼 굉장히 빠른 속도로 깜박거리도록 주파수를 높이면 될 텐데, 문제는 주파수가 높아질수록 교류 변압기의 효율이 낮아진다는 것이다. 따라서 교류 전력의 주파수는 전구의 깜박거림을 인간의 눈이 느끼지 못할 정도까지만 높이면 되는데, 바로 여기에서 인간 공학이 필요하게 된다.

일반적으로 사람 눈에는 잔상이 있다고 하는데 1/16초 정도는 이것이 눈에 남아 있다고 알려져 있다. 그러나 깜박거림을 느끼는 최저 주파수는 이것의 3배인 48Hz*라는 점이 밝혀졌다(* critical flickering frequency라고 한다). 이에 근거하여 유럽 지역에서는 교류 전력 공급 주파수를 48Hz보다 약간 높은 50Hz로 정했고, 미국에서는 회전 기계와 관련한 계산이 편리함을 감안하여 약간 더 높은 60Hz로 정하였다. 이후 전기를 도입한 국가들은 이러한 것들에 대한 고민 없이 50 또는 60 Hz를 전력의 주파수로 채택하여 사용하고 있다.

2. 국가별 사례

표준이 산업 혁명 이후의 대량 생산 및 국제 무역 체제에서 큰 발전을 하게 되었다는 점은 앞서 기술한 바와 같다. 산업 혁명을 선도한 국가들에서는 표준에 대한 수요가 산업계로부터 나왔고, 따라서 대부분의 기술 표준을 제정한 주체도 산업계였다. 그러나 산업 혁명에 뒤늦게 합류한 후발 국가들은 선발 국가의 산업계가 만들어 놓은 기술 표준들을 그대로 가져다 쓰는 경우가 많았다.

'표준 강국'이란 말을 '국가 표준을 직접 만들어 운영하여 온 국가'로 정의하고, 세계의 '표준 강국'을 꼽는다면 현재도 미국, 영국, 독일, 프랑스 및 러시아의 5개국 정도밖에 되지 않는다. 이들의 공통점은 산업 혁명을 스스로 시작한 나라들이라는 점과 충분한 자체 시장을 보유한 국가라는 점이다. 일본이 여기에 선발되지 못한 점을 지적할 수도 있겠는데, 일본은 주로 영국 및 미국의 표준을 선택적으로 도입하여 자국화한 후 사용하였다는 것이 일본에서 표준화를 담당하는 공무원들의 말이었다.

그런데 표준화를 통해 경제 성장을 성공적으로 이룬 국가가 있는 반면, 그렇게 성공적이지 못했던 사례들도 있다. 다음에는 주요 국가별 사례들을 알아보고자 한다.

(1) 미국

미국은 현재 세계에서 가장 거대하고 복잡한 표준 시스템을 보유하고 있는 것으로 평가받고 있으나, 미국의 경제적 번영은 다른 어떤 나라보다도 이러한 표준 시스템이 있었기에 가능했던 것도 사실이다. 몇몇 경제학자들은 미국 경제가 19세기에 크게 도약한 것이 풍부한 토지와 교통수단이 적기適期에 확충된 덕분이기도 하지만, 이와 더불어 표준과 대량 생산 체제의 힘이 컸다고 입을 모은다. 앞에서 기술한 바와 같이, 현대 산업 사회의 기반인 대량 생산 시스템을 가능하게 한 호환 부품 시스템과 어셈블리 라인 제조 방식을 만들어 낸 국가가 미국이라는 점을 감안하면 이러한 지적에 충분한 일리가 있는 것으로 보인다.

미국은 유럽 국가들보다 훨씬 큰 영토와 주州 정부라는 상당히 독립적인 지방 자치 체제를 가지고 있었음에도 불구하고, 19세기부터 민간 표준화 활동을 통해 상당 수준의 국가적 통일성을 달성해 내는 데 성공하였다. 미국에서의 국가 표준화 활동의 근거는 미국 헌법보다도 역사가 오래되었는데, 독립 전쟁 시기 대륙 의회가 미국 전역에 걸쳐 도량형에 관한 독보적 권한을 갖는다고 규정했던 것이 그 처음이다. 이후 헌법에서도 1장 8절에 '의회가 도량형 표준을 정립'한다는 조항이 들어갔으며, 특히 '미국 전역에 걸쳐 모든 관세 및 물품세가 균일해야 한다'는 조항이 초창기 표준화 활동의 근거가 되었다.

초대 대통령인 George Washington도 1790년의 첫 번째 신년사에서 표준화가 매우 중요하다는 점을 지적했으며, 이에 따라 국무장관이던 Thomas Jefferson이 1791년에 특별 제안서를 작성할 정도로 표준화에 대한 국가적 관심이 높았다. 이 당시의 표준화는 미국 헌법에서 미국 전역에서 세금이 균일해야 함을 의무화한 것에 근거하여 추진되었고, 이에 따라 1832년에는 해안측량국(U.S. Coast Survey) 소속으로 도량형·표준실Office of Weights and Standards이 설립되었다. 그러나 해군성 등 개별 부처들이 자체 필요에 의해 표준을 제정하는 것은 계속해서 추진되었다.

19세기 후반기에 들어서면서 오스트리아, 러시아, 독일 등 유럽 국가들에서는 표준에 대한 연구를 전담 수행하는 독립 기관들이 설립되기 시작했는데, 영국에서 1899년에 National Physical Laboratory가 설립된 것에 자극을 받아 미국도 1901년 국립표준국National Bureau of Standards을 설립하게 되었다.[6]

현재 미국의 표준화 활동이 다른 나라와 가장 크게 다른 점은, 표준 전문 기관으로 정부 기관인 NBS나 NIST가 존재함에도 불구하고 이들이 단일 국가 표준화 기관으로 기능하지 않는다는 점이다. 표준에 대한 국가의 의무가 강조된 1920년대에도 NBS는 주로 표준의 조정 업무를 수행했으며, 각각의 연방 정부 기관들이 개별법에 근거하여 기술 기준을 제정하거나 민간의 여러 업종별 단체나 학술 단체들이 자발적으로 표준을 제정해왔다.

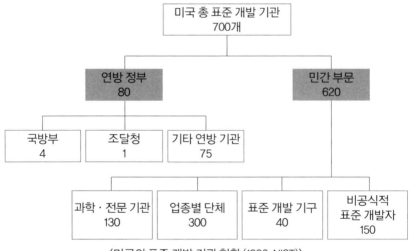

〈미국의 표준 개발 기관 현황 (1996, NIST)〉

---

6) NBS는 이후 1988년에 국립표준기술청(National Institute of Standards and Technology)으로 명칭을 바꾸고 기능을 확대하여 오늘날까지 활동하고 있다. 여기서 재미있는 점은 NBS에서 NIST로 기관 명칭과 기능을 바꿀 때에도 외국 정부의 활동에 자극을 받았다는 것인데, 이때는 유럽이 아니라 일본, 특히 통상산업성의 기술 개발 지원 실적에 자극을 받았다는 것만이 다르다.

앞의 그림에서도 알 수 있듯이, 현재 미국에서 표준을 제정하는 기관으로는 연방 정부에 80개 기관이 있으나, 민간 부문에는 620개나 존재한다. 이들이 제정하여 운영하는 표준(여기에는 specification, code, guideline, recommended practice, grading rule 등이 포함된다)은 총 93,000종 이상으로 세계에서 가장 많은 수준이며, 이들을 제정하는 기관은 700개가 넘는다.

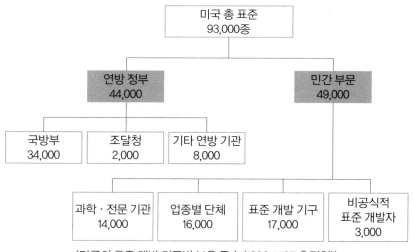

〈미국의 표준 개발 기구별 보유 종수 (1996, NIST 추정치)〉

최근에는 연방 정부 기관에서 기술 기준 수요가 발생할 경우, 최대한 민간 표준을 사용하도록 한 OMB(예산관리실) 지침으로 인해 정부가 보유한 표준의 숫자는 줄어드는 추세이다. 반면 민간 표준 기구들의 활동은 계속 활성화되고 있어 이들이 제정한 표준은 늘어나고 있는 실정이다.

위의 그림에서도 알 수 있듯이, 미국의 표준화 시스템을 다른 나라와 차별화할 수 있는 가장 큰 특징은 수많은 민간단체들이 표준을 제정하고 운영한다는 점이다. 여기에서도 또 하나의 특징은 업종별 단체의 비중이 매우 크다는 것인데, 그것은 앞의 그림을 분석하는 다음 자료를 보면 명확히 드러난다.

〈미국 민간 표준화 기관의 성격별 비중〉

민간 부문 표준화 기관		기관 수 및 비중	제정 표준 수 및 비중
		620개	49,000종
구분	과학·전문 기관	130(21.0%)	14,000(28.6%)
	업종별 단체	300(48.4%)	16,000(32.7%)
	표준 개발 기구	40(6.5%)	17,000(34.7%)
	비공식적 표준 개발자	150(24.2%)	2,000(4.0%)

　미국에서 표준을 제정하는 민간단체들이 설립되기 시작한 것은 주로 1890년 이후인데, 이들은 대부분 정부의 개입에 의해 만들어졌다기 보다는 자연적 필요성 혹은 업계의 보호주의적 성향에 의해 설립되었다. 이 중에서도 제조 업종별 민간단체가 표준을 제정하고 관련 인증 시스템도 운영하는 방식이 초창기부터 많이 사용된 것은 특기할 만한데, 이 때문에 미국에서는 인증이 자기 선언自己宣言으로 처리되는 상황이 조성되었다.

　유럽에 비해 국토 면적이 훨씬 넓고 기업의 수도 많은 미국에서는 자기 선언을 존중하면서 때때로 정부가 개입하여 감시 역할만을 수행하는 방식을 채택하고 있었다. 이 방식은 규제 업무에서 부담을 덜면서 목적을 달성할 수 있는 일종의 타협안이라고 할 수 있었으며, 또 규제 당국자들에게는 이것이 일종의 무감독 시험 방식과 같은 것으로 생각되었다.

　제조업체가 단체를 만들어 표준도 제정하고 업체 스스로의 자기 선언으로 안전성이나 품질을 증명하도록 하는 것은, 어떻게 보면 선수가 심판까지도 담당하겠다는 것과 마찬가지로 보이기도 한다. 그러나 미국에는 이러한 제도를 뒷받침하는 여러 장치가 존재한다. 예를 들면 미국에서는 사기 행위에 대해 다른 나라에서보다 가혹하게 처벌하고 있으며, 제조자에 대한 책임을 엄하게 묻는 사법 제도 또한 자기 인증제도가 성공적으로 운영되는 데 한 몫을 하고 있다. 이러한 것을 살펴보면 자기 적합성 인증 제도를 다른 나라에 도입하려면 어떤 사회적 안전망들이 미리 구축되어야 하는지를 알아보는데 도움이 될 수 있을 것이다. 마지막으로 주목할 사항은 미국이 표준을 갖춰 나가는 과정에서 유럽 등의 여러 국가들이 배제되었다는 점이다. 이로 인해 미국의 표준은 무역 장벽으로서의 기능을 발휘하였는데, 예를 들어 미국산 기계류나 인프라 설비들이 유럽과 다른 표준(미터 단위를 사용하지 않은 표준)을 사용한 것이 유럽 업체들이 미국 시장으로 진입하는 것을 방해하였고, 이것이 미국 산업계가 영국 등 선발국의 업체들을 이겨내고 성장하는데 도움을 준 것이 사실이다.

미국의 유럽 배제에는 의도적인 면이 있기도 하였으나, 미국 기업들은 자국 시장이 충분히 컸기 때문에 굳이 다른 나라들과 표준에 대한 협력의 필요성을 크게 느끼지 않았다. 또 2차 세계 대전이 끝나고 나서 서부 유럽 국가들로부터 경제 부흥의 수단으로서 표준의 중요성이 다시 부각되게 되었을 때에도, 세계 경제 중 절반 이상을 미국이 지탱하고 있었다.

또한 그때는 미국이 마샬 플랜으로 서유럽에 대규모 원조를 하고 있었기에, 미국의 관행이 그대로 사실상의 국제 표준이 될 수 있는 상황이어서, 미국 기업들은 국제 표준의 제정에 관심을 둘 필요성을 느끼지 않았다. 예를 들면 자동차 엔진 오일의 품질 표시에서 SAE의 10W-30과 같은 미국 방식의 기준이 사용된다든지, 배관 치수 표준에서 인치 치수가 많이 사용되는 것은 미국의 관행이 사실상 국제 표준이 된 사례이다.

이러한 통념은 EU가 본격적으로 통합되고 강제 기술 기준에 EN 표준을 사용하기 시작한 1990년대 초에, 세계 표준이 유럽 국가 주도로 바뀌게 되면서부터 글로벌 기업를 중심으로 바뀌게 된다. 그러나 아직도 많은 미국 기업들은 국제 표준화 활동에 대한 참여에 그다지 관심을 보이지 않는 것이 현실이다.

〈미국 내 20대 주요 민간 표준 개발 기구 (1996)〉

표준 기구명			보유표준 종수
영 문	약 자	국 문 명	
Aerospace Industries Assocaitions	AIA	항공우주협회	3,000
American Association of Blood Banks	AABB	미국혈액은행협회	500
Am. Assoc. of State Highway and Trans. Officials	AASHTO	미국 주(州) 도로 · 교통공무원협회	1,100
Am. Conference of Govt. Industrial Hygienists	ACGIH	미국정부 · 산업위생회의	750
American National Standards Institute	ANSI	미국국가표준협회	1,500(*)
American Oil Chemists Society	AOCS	미국유화학회	410
American Petroleum Institute	API	미국석유연구소	500
American Railway Engineers Association	AREA	미국철도공학회	400
American Society for Testing and Materials	ASTM	미국시험재료학회	9,900
American Society of Mechanical Engineers	ASME	미국기계공학회	600
Association of American Railroads	AAR	미국철도협회	1,400
AOAC International	–	미국농화학 및 분석화학협회	2,100
Cosmetic, Toiletry & Fragrance Association	CTFA	화장품협회	800
Electronic Industries Association	EIA	전자공업협회	1,300
Institute of Electric & Electronic Engineers	IEEE	전기전자공학회	680
National Association of Photographic Manu-facturers	NAPM	전국사진산업협회	475
Semiconductor Equip. and Materials Intl.	SEMI	반도체장비 · 재료협회	450
Society of Automotive Engineers International	SAE	자동차공학회	4,550
Underwriters Laboratories	UL	UL	780
U.S. Pharmacopeial Convention	USPC	미국약물총회	5,000

그러나 미국의 표준화 활동이 경제 성장에 긍정적인 방향으로만 움직였던 것은 아니다. 표준화의 부정적 측면인 획일화 및 창의성 저해 등이 20세기 초반에 미국에 나타났던 적이 있다.

20세기 초 미국의 표준화 활동은 당시 사상계의 '표준 운동Standards Movement'에 강한 영향을 받았다. 이를 산업에 실제로 적용한 기업인이 Henry Ford였고, 정부에서는 Herbert Hoover 대통령이었다. 그러나 이 과정에서 표준화의 부정적 측면 또한 많이 드러나게 된다.

Ford는 T형 자동차 색상을 검은 색만으로 하고 주기적 모델 변경을 하지 않을 정도로 표준화에 집착하였는데, 그의 자서전에도 1909년에 관리 담당 직원들에게 '고객들이 검은 색 차만을 가지게 될 날이 올 것'이라고 말했다고 쓸 정도였다. 실제로 T형 모델에서 검은 색만을 사용하게 된 것은 1914년부터였는데, 이 색상을 선택하게 된 이유는 순전히 검은 색 페인트의 값이 싸고 내구성이 좋은 점, 그리고 건조 시간이 짧은 점 등 때문이었다. 포드 자동차 회사가 다양한 색상 및 주기적 모델 변경 방식을 채택한 것은 Henry Ford의 아들인 Edsel Ford가 사장이 되고 나서 GM 등과 경쟁하기 시작한 1926년부터였다.

Hoover 대통령(임기 : 1929~1933)은 상무성 장관으로 재임 중이던 1920년대부터 표준화의 수호자 역할을 자임해 왔다. 그는 표준화를 충분히 달성한 공장은 그렇지 않은 공장에 비해 30%의 비용 절감을 이룰 수 있다고 주장하면서 '단순화simplification'라는 용어를 처음으로 제안하여 사용하기 시작하였다. 또한 그는 장관 시절 NBS에 '단순화실Office of Simplification'을 신설하고 단순화 업무를 독려했으며, 이에 따라 NBS는 여러 분야에서 Simplified Practice Recommendation을 작성하여 고시하였다.

이러한 사례의 대표적인 것으로는 우유병 크기를 몇 가지로 단순화시킨 것을 들 수 있다. 그러나 Hoover는 대공황 시절에 대통령으로서 난관을 제대로 극복하지 못한 점 때문에 좋은 평가를 받지 못하며, 대통령 재임 시절 빈민들을 위해 건설한 '특별 마을Hooverville'[7)]이 포드 T형 자동차처럼 획일화된 하향 평준화의 대표적 사례로 지목되면서 표준화에 대한 전반적 사회 인식을 나쁘게 만든 장본인이 되고 말았다.

Hoover 대통령이 지적한 것처럼, 단순화를 추구할 경우 여러 부분에서 불필요한 비용을 절감할 수 있는 것은 사실이다. 이러한 사례가 기업에서 극한적으로 추구된 사례가 Henry Ford가 T형 자동차에서 검은 색 페인트만을 칠한 것이다. 현재에도 이러한 사례를 볼 수 있는데, 예를 들어 군대에서 탄약 체계를 몇 가지로 단순화하여 보급 효율을 높인다든지, 저가 항공사가 항공기 및 엔진을 단순화하여 유지 또는 보수 부담을 덜게 한다든지 하는 것이 있다. 그러나 이러한 장점 뒤에는 항상 어두운 면이 존재할 수 있는데, 인간의 창의력을 무시하여 결국에는 시스템 전체의 생산성을 저해하는 요인이 될 수 있다는 것이 그것이다.

Henry Ford가 1918년에는 미국 내의 모든 자동차 중 절반이 T형 자동차일 정도로 초기에는 대성공을 거두었으나, 1920년대에는 다양한 모델 전략을 내세운 GM에게 1위 업체 자리를 내주게 된 것을 보더라도, 단순화로 인한 효율의 증대가 반드시 비즈니스의 성공으로 이어지지 않는다는 점을 알 수 있다. 마찬가지 이유로 현재의 대형 항공사들도 리스크 관리 등 여러 가지 이유로 비행기의 기종과 엔진을 완전히 단순화하지는 않고 있다.

표준화가 획일화로 연결될 수 있는 우려는 '포드주의Fordism'에 대한 경계

---

7) 후버빌(Hooverville)은 대공황 시절 집을 잃은 빈민들에게 정부가 제공한 거주 시설로서, John Stein-beck의 소설 『분노와 포도』에 보면 주인공 가족이 오클라호마의 집에서 쫓겨난 후 캘리포니아의 후버빌에 잠시 머무르는 상황이 서술되어 있다.

로 나타났다. Aldous Huxley의 소설『용감한 신세계Brave New World』에서는 Ford를 신神으로 숭배하는 사회가 나오며, Charlie Chaplin의 영화『Modern Times』에서도 일관 작업 체계에 대한 강력한 비판을 볼 수 있다. 잘못된 표준화의 폐해는 자본주의 국가의 완전한 반대편에 서 있던 소련에서 더 심하게 나타났는데, 이에 대해서는 다음에 상세하게 다루려 한다.

(2) 일 본

표준은 일본이 2차 세계 대전에서 패전한 이후, 경제적으로 완전한 부흥을 이루게 되는 데 매우 큰 역할을 담당하였다. 애당초 아시아에서 가장 먼저 산업 혁명을 겪은 일본의 산업화는 정부 주도로 추진되었으나 표준화는 민간에 일임하였다. 예를 들어 일본 공무원들이 지금도 자랑하고 있듯이 일본은 IEC의 설립부터 창립 회원으로서 업계 단체들이 참석하였고, ISO의 전신이라 할 수 있는 ISA에도 관련 학회들이 적극적으로 참석하였다.

일본 정부의 표준화 활동은 군수품 등 정부 조달품에 대한 기준들을 1921년부터 '일본표준규격(JES)' 제도로 통합하여 제정·운영한 것을 시작으로 본다. 이후 '중일 전쟁'의 장기화로 표준의 제정 절차를 간소화할 필요성이 제기됨에 따라 1939년부터는 '임시 일본표준규격'을 제정하게 되었고, 1941년에는 항공기제조사업법에 근거한 '항공 규격'을 제정하였다.

이와 같이 2차 세계 대전까지 일본의 표준화 활동은 영국[8]이나 독일[9]과

---

8) 세계에서 가장 먼저 설립된 국가 표준화 기관은 영국표준협회(BSI)로서 1901년 설립되었으며, 영국 정부는 1929년 BSI와 Royal Charter를 체결하여 명실상부한 국가 기관으로서의 독점적 권리를 부여했다.
9) 독일표준협회(DIN)는 1917년 설립되었으며, 1922년 종이 크기 표준(A계열)인 DIN 476을 제정

는 달리 미약했던 것이 사실이다. 이러한 상황은 결국 일본 공업의 생산성 및 품질 관리가 미국 등과 비교하여 매우 낙후하여 2차 세계 대전의 패인 중 하나로 작용하게 된다.

지금은 일본산 제품의 품질이 형편없다는 이야기를 하면 그 누구도 믿지 않겠지만, 1960년대 중반까지만 하더라도 일본산 제품은 값은 저렴하고 모양은 그런대로 괜찮으나 내구성이나 신뢰성 등에서는 문제가 있는 제품으로 인식되고 있었다. 참고로 일본산 승용차들이 미국시장에서 좋은 평가를 받기 시작한 것도 로봇 등 자동화 기기가 도입되어 지속적으로 안정된 품질의 제품 생산이 가능해진 1980년대부터였다고 생각된다. 이럴 정도이니 6.25 전쟁 시에 미군이 군수품인 트럭 등을 일본 기업들에게 발주한 후 납품받은 장비들에 대해 그야말로 형편없다는 평가를 내렸던 것은 당연하다.

2차 세계 대전 당시 일본 무기들의 생산성과 품질은 미국 수준에 전혀 미치지 못했었다. 일본이 미국보다 물자나 기술이 모자랐던 점은 쉽게 이해가 되지만, 품질이나 생산성조차 뒤졌다는 점은 이해하기 어려울 것이다. 그러나 미국의 경우를 보면 단순히 고급 기술을 적용한 강력한 무기만을 만들어 낸 것이 아니라, 이러한 무기를 매우 효율적으로 생산해 내려고 노력했다는 점에서 일본과 차이를 보여주고 있다. 또한 Liberty급 수송선처럼 품질보다도 생산성의 극대화를 이룬 명품무기도 많이 만들어 사용했다.

따라서 일본에서는 패전과 동시에 민·관이 품질 관리의 중요성을 인식하게 되었다. 여기에 대응하기 위한 수단으로서 군수 조달 기준으로만 기능하던 'JES'와 '임시 JES'의 한계에서 벗어나 모든 산업계에 표준화를 적용하려는 노력이 시작되었다. 이는 당시의 물자 부족 상황도 감안한 생각이었다.

이에 따라 일본 정부의 주도 아래 1945년 일본규격협회가 기존 유관 조직들을 합쳐 출범하였고, 1946년에는 일본공업표준조사회 관제官制가 공포되어 이를 통해 '일본공업규격(JIS)'이라는 새로운 표준을 제정하게 되었다. 1948년에는 특허표준국 표준부와 15개 시험 연구 기관을 통합하여 산업기술청을 설립하였고, 1949년에는 표준에 대한 법적 근거를 마련하기 위해 공업표준화법을 제정하였다.

이와 같이 일본인들이 민·관 공동으로 품질 향상 및 표준화를 위한 관련 제도를 모두 정비해 놓은 시기에 우리의 6.25 전쟁으로 일본 산업계에 특수特需가 발생하게 된다. 그리고 그 특수의 발주처인 미국이 일본의 품질 향상 운동을 본격적으로 지원하게 되어, 이때부터 품질 관리 분야에서 전설과 같은 일본의 발전이 이루어지게 된다. 여기에 혜성 같이 나타나는 인물이 품질 전문가인 Edwards Deming 박사이다.

1950년 일본과학기술연맹JUSE: Union of Japanese Scientists and Engineers은 당시 일본에 체류하고 있던 Deming 박사에게 품질 향상 방법에 대해 자문해 줄 것을 요청했다. 이후 Deming은 강의와 컨설팅을 통해 통계적 공정 관리 방법과 품질 향상 방법을 일본인들에게 가르쳤는데, 결국 이것이 일본식 품질 관리 역사의 시초가 된 것은 잘 알려진 사실이다.

일본과학기술연맹은 품질 운동의 일환으로서 1951년부터 데밍 상 제도를 운영하기 시작하였는데, 이 제도는 세계적으로 가장 전통 있고 권위 있는 품질상으로 발전하였고, 결국 1980년대에 미국이 말콤 볼드리지상 제도로 역수입할 정도가 되었다. 결국 일본인들은 표준을 통해 일본인의 장점으로 정착한 철저한 품질 관리 시스템을 개발하는데 성공하였다.

(3) 소련

과거의 소련은 표준을 직접 만들어 운영한 5대국(미국·영국·프랑스· 독일·소련)에 포함될 정도로 표준화 강국이라 할 수 있으나, 현재의 러시 아가 국제 표준에서 차지하고 있는 위상은 그리 높지 못하다. ISO에서도 러시아어가 영어, 프랑스어와 함께 3대 공식 언어로 지정되어 있으나, 러 시아어로 이루어지는 작업은 신임 회장의 취임사를 발간할 때 정도이다. 이와 같은 상황이 전개된 데에는 소련이 표준화를 제대로 활용하지 않은 탓이 크다. 특히 표준을 국가적 품질 향상과 관련한 정책에 제대로 연계시 키지 않고, 단순화 내지는 통일화의 수단으로만 사용했던 것이 표준의 잠재력을 제대로 활용하지 못한 주원인이라 할 것이다.

Vladimir Lenin은 표준에 대해 매우 관심이 많았던 것으로 알려져 있다. 그는 표준이 계획 경제의 중요한 구성 요소라고 하면서 사회주의는 제품 의 생산 및 배분에서 균일한 기준을 가져야 한다고 주장하였다. 또한 그는 미국 Taylor의 과학적 관리 방법과 '포드주의'의 신봉자였는데, 미국의 관 련 전문가를 초빙하여 건설 사업에 투입하기도 하였으며, 1922년에는 표 준 회의에 직접 참석한 적도 있었다고 한다. 이에 따라 1925년 9월에 표준 화위원회 설립에 대한 당(공산당)의 결정이 내려지고, 1926년에는 소련에 서 최초의 국가 표준인 OST-1(파종 종자용 밀)을 필두로 국가 표준들이 제정되기 시작하였다.

그러나 Joseph Stalin이 집권한 이후 소련 내에서의 관심의 초점이, 스 타하노프 방식의 노동 착취와 계획 경제 및 정치적 통제를 결합하는 방향 으로 바뀌면서 표준은 부수적인 기능만을 담당하게 되었다. 이 시기에는 생산량 목표를 달성하는 것만이 중요하여 품질에 대한 관심은 낮아지게 되었고 표준을 품질과 연결하려는 시도도 없었다. 소련 정부는 1938년이 되어서야 품질도 중요하다는 지침을 내렸으나, 생산에 있어 품질보다 양이 중요하다는 관념이 이미 뿌리를 깊게 내린 후였다.

공산주의에서는 기본적으로 품질 향상을 위한 성과주의를 인정하기 어렵다. 따라서 표준화가 계획 경제의 추진을 위한 수단으로는 평가되지만,[10] 품질을 향상시키기 위한 도구로서 활용되는 것은 원천적으로 어려웠다고 말할 수 있다.

2차 세계 대전 이후 소련은 동구권 국가들을 결속하는 COMECON Council for Mutual Assistance을 구성하여 운영하였는데, 여기에서는 자연스럽게 표준화에 대한 논의가 같이 이루어졌다. COMECON에서의 표준화 활동은 COMECON 내 표준화위원회가 담당하였는데, 1975년에는 4,900종의 표준화 권고안 및 120종의 표준을 제정하였다.

그러나 COMECON에서의 표준화 활동은 소련 내에서의 표준화 활동과 마찬가지로, 국가별 및 지역별 특성을 감안하지 않은 획일적 내지는 '생색내기' 식의 업무 추진으로 인해 경제 발전에 큰 도움을 주지 못한 것으로 평가된다.

특히 블록 내에서의 자급자족을 강조한 경제 운영은 표준에 있어서도 공산주의의 본성상 부족할 수밖에 없었던 품질 향상에 대한 관심을 더욱 약하게 만드는 원인이 되었다. 이러한 상황에서 간헐적으로 이루어지는 외부와의 접촉은 공산국가의 경제를 더욱 취약하게 만들었으며, 결국은 공산권 붕괴로 연결되는 이유가 되었다.

서독에서 독일의 표준화 전통을 이어오던 독일의 국가 표준DIN이 1989

---

10) 1979년에 발간된 『소비에트 대사전(大辭典)』은 '소련에서의 표준화는 사회주의 계획 경제에서 중요한 역할을 수행한다'라고 기술하고 있다.

년 독일이 통일된 후, 동독이 제정해 온 표준들을 극히 일부만 남기고 모두 폐기한 것이라든지, 공산주의 붕괴 이후 동구권 국가들이 EU의 표준을 채택하기 위해 매우 노력했다든지 하는 사례를 보더라도, 소련 및 동구권의 표준화가 경제 성장에 긍정적 효과를 크게 주지 못했다는 점을 알 수 있다. 이와 같은 측면에서 볼 때 소련에서의 표준화 활동은 표준이 경제 성장에 좋은 영향을 주기 위해서는 품질 운동과 결합되어야 한다는 점도 증명하고 있다.

(4) 우리나라

1945년 해방 이후 우리나라에서도 근대 산업 국가로서의 표준화가 시작되었는데, 1949년 8월 농산물검사법이 제정되어 농산물의 중량·등급·포장 등에 대한 표준화가 이루어진 것을 그 최초의 사례로 본다. 같은 시기에 철도 등 공공사업 분야에서도 자체적으로 표준화가 착수되었다. 이후 6.25 전쟁의 발발로 전시戰時하의 군수품 조달에 있어서도 표준화의 필요성이 대두되었으나, 전후戰後 사정으로 1959년 9월에야 병참 물품 규격서가 제정될 수 있었다.

우리나라에서 진정한 의미의 근대적 표준화는 표준에 대한 법이 제정된 후부터 시작되었다고 할 수 있다. 5.16 혁명 정부는 정부 차원에서 표준화 사업을 추진하는 내용의 공업표준화법을 1961년 9월 30일 제정·공포하였다. 그 해 11월에는 공업표준화법에 의거하여 상공부 표준국이 설립되었으며, 1962년 2월에는 KS(한국산업표준) 제정을 위한 공업표준심의회를 구성하고, 같은 해 3월에는 표준 보급을 위한 한국규격협회가 발족되었다. 1963년에는 IEC·ISO 등 표준화 관련 국제기구에도 가입하게 되었다.

우리나라는 지리적으로 가깝고 환경적으로 유사한 일본의 표준화를 쉽게 참고할 수 있었던 탓에 일찍부터 표준화를 품질 향상에 대한 노력과 연계하여 추진하였다. 1963년 7월부터는 최초의 KS 인증 표시(백열전구)가 시작되었다. KS 인증 표시 제도에서는 당해 공장에서 일하는 작업자뿐만 아니라, 관리자에게도 품질 관리에 대한 교육을 받을 것을 의무화하였는데, 이것은 KS의 표준화가 우리 기업에서 품질을 향상시킬 수 있는 도구로써 충분히 활용된다는 것이었다.

이러한 정부 주도의 드라이브에 기업이 따라올 수 있게 하는 수단으로는, 정부 조달 물품 구매 시 'KS 표시 인증 제품 우선 구매' 등의 유인책이 적용되었다. 공업표준화법이 표준화, 제품 인증과 품질 향상의 연계 운용에 대한 기반을 마련한 후 공산품품질관리법, 전기용품안전관리법 등이 비슷한 방식을 채택함에 따라, 우리나라에서는 표준 또는 기술 기준 제도를 검사 또는 허가와 연계하여 기업의 품질 향상을 꾀하는 산업 정책 방식이 확산되었다.

이후 1973년 1월에는 표준 및 품질 업무를 보다 체계적으로 추진하기 위한 전담 기관으로서 상공부 표준국을 격상시킨 공업진흥청이 개청開廳되었으며, 1975년에는 측정 표준에 대한 국가 표준 기관인 한국표준과학연구소가 개소開所되었다.

우리나라의 경제 성장에서 표준의 역할은 시기별로 다음과 같이 변화하여 왔다.

초창기에는 제조업의 품질 관리 능력을 제고하는 한편, 공산품의 적정 품질을 유지하는 데 초점을 맞추었다. 이 당시에는 우리보다 앞선 일본의 JIS(일본공업규격)를 사실상 그대로 번역하여 KS를 제정하였는데, 이는 일본의 기술 이전 효과를 얻는 측면도 있었다.

특히 1980년대 후반기에 우리나라에서 수출 호조의 결과가 내수 경제의 확대로 연결되면서, 주택 건설을 중심으로 하는 건설 부문에서 급속한 성장을 이루게 되는데, 여기서 KS 표시 인증 제도가 이를 효과적으로 뒷받침하는 수단으로 활용되었다. 따라서 이 시기에 KS 표시 인증 부분에서도 양적 성장이 크게 이루어졌다.

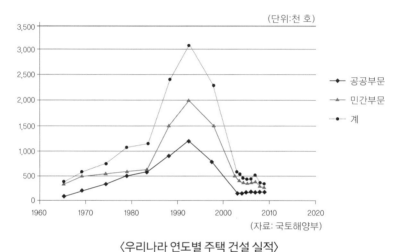

〈우리나라 연도별 주택 건설 실적〉

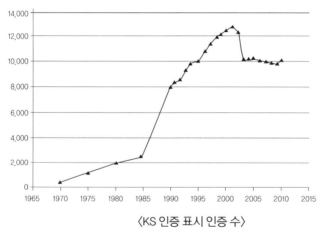

〈KS 인증 표시 인증 수〉

앞의 그림에서도 알 수 있듯이 우리나라의 주택 건설 시장은 아파트 200만 호 건설, 분당 등 신도시 건설 등을 통해 1985년부터 1995년 사이에 엄청난 성장을 보였다. 다양한 건설 자재 및 제품에서 KS 인증 표시 제품을 사용할 것이 사실상 의무화되어 있어, 같은 시기에 KS 인증 표시 분야에서도 시장이 급성장한 것을 관찰할 수 있다.

1990년대 초반은 표준화 활동의 발전기라고 할 수 있는데, 공업표준화법을 산업표준화법으로 개정함으로써 공산품 제품 위주의 표준화에서 서비스, 경영 시스템으로 그 적용 범위를 확대해 나갔으며, 국제 교역의 급증 및 교역선의 다변화에 대응하기 위해 기존의 JIS를 도입하는 방식으로부터 ISO 및 IEC 표준을 직도입하여 부합화하는 체제로 변화하였다.

특히 1990년대 후반기부터는 우리나라 전문가들이 국제 표준화 회의에 참가하는 규모가 급속히 커졌다는 것을 알 수 있는데, 이렇게 된 배경을 몇 가지로 분석할 수 있다. 우선 우리나라의 수출 기업들이 외국 기업의 하도급을 받아 생산하는 OEM 체제로부터 벗어나 자사 제품을 스스로 설계하여 생산하는 체제로 바뀌었다는 점을 들 수 있다. 또한 시장이 형성되기 전에 표준의 제정을 추진하는 선행 표준화 방식이 IT 등의 분야에서 전 세계적으로 확산된 것도, 우리 기업들이 국제 표준화 회의에 많이 참석하게 된 계기가 되었다.

우리나라가 JIS의 그늘로부터 벗어나 ISO 및 IEC 표준을 직도입하는 체제로 진화한 것이 일본 제품의 시장을 잃는 결과로 연결되었다고 2000년대 초반에 일본 경제산업성이 분석한 적이 있었다. 1990년대 말에 우리나라뿐만 아니라 싱가포르, 말레이시아 등 동남아의 주요 국가들도 국가 표준에 국제 표준을 직도입하도록 체제를 전환하였는데, 일본에서는 ISO나 IEC에 관계없이 JIS를 그대로 사용하는 체제가 유지되었고, 이로 인해 동남아 시장에서 일본산 제품은 신규 기준을 맞추지 못해 시장을 잃게 되었다는 것이었다.

이러한 분석을 거꾸로 적용해 보면, 우리나라에서 국제 표준을 1990년대 하반기부터 집중적으로 도입한 것이 우리 기업들이 2000년대에 다양한 해외 시장을 개척하는 데 도움을 주었다고 볼 수 있다. 예를 들어 가전제품의 경우, 우리 기업들이 미국 시장에서 크게 성공을 거두고 있는 것이 좋은 사례이다. 미국에서 세탁기, 냉장고 등의 가전제품 시장은 전통적으로 Whirlpool, Maytag, GE 등 토종 미국 업체들이 이미 성을 굳게 쌓아 놓은 상태에 있었고, 1980년대에 전성기를 누리던 일본 가전 업체들도 가전제품 시장은 감히 넘볼 생각을 하지 못했다. 당시 미국에 있던 우리 기업의 주재원이나 유학생들도 귀국할 때에는 양문형 냉장고와 세탁기를 사오려고 할 정도로 미국산 제품들이 품질도 좋다고 인정받고 있었다.

그런데 요즘 미국 출장을 가서 '베스트 바이' 등 가전제품 양판점에 가보면 TV는 물론이지만, 냉장고 및 세탁기 매장에서도 LG전자, 삼성전자 등 우리 업체들이 고급 제품 진열대를 모두 장악하고 있는 것을 볼 수 있다. 이러한 성공을 거둔 데에는 우리 기업들이 국내적으로 경쟁을 치열하게 하는 과정에서 좋은 제품을 만들게 된 것과, NAFTA를 잘 이용해서 멕시코에 공장을 건설한 후 여기서 만든 제품을 미국에 판매한 것이 주효하였다고 생각된다.

그러나 여기에서 주목해야 할 부분은 우리나라의 가전제품 관련 표준들이 모두 ISO나 IEC 표준과 일치화되었다는 점이다. 기술표준원은 1990년대 말에 '전기용품 안전 기준'을 시작으로 전기·전자 제품과 관련된 KS를 모두 IEC와 일치화하였다. 이에 따라 우리나라에서 만드는 제품에서 전원 플러그 등의 국가별 차이점들만 수정하면, 어떤 나라에서나 바로 사용할 수 있는 환경이 조성된 것이다.

국내에서는 이미 가전제품 기업 간에 치열한 경쟁으로 디자인이나 품질면에서 자생적으로 발전할 수 있는 환경이 조성되어 있었는데, 기술 기준과 표준이 국제 표준과 일치화 됨에 따라 경쟁을 통과한 좋은 제품이 바로 세계 시장으로 나갈 수 있게 된 것이다. 이것이 우리 가전제품들이 미국 시장을 장악할 수 있게 한 기술적 기반이었다.

2000년대에 들어서는 표준화 활동의 성숙기로 들어섰다고 할 수 있다. 표준화는 IT 등 신성장 동력 산업 발전에 기여하는 한편, 환경이나 윤리경영 등 사회적 이슈에 대응하는 수단으로까지 발전하였다. 특히 이 시기에는 ISO 및 IEC 표준의 직도입을 통해 KS 보유 규모가 1990년대에 비해 두 배 이상으로 성장하였는데, 이것은 이때 우리나라의 무역 규모가 급성장한 것과 관련이 있는 것으로 해석된다.

다음의 그림을 보면 2000년대 우리나라의 무역 규모가 이전에 비해 급격히 신장되는 것을 볼 수 있는데, 이것은 KS 보유 종수가 늘어나는 추세와 시기적으로 일치한다.

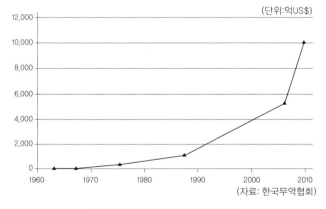

〈우리나라의 연도별 무역 규모〉

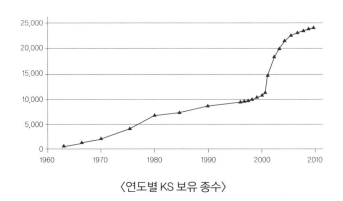

〈연도별 KS 보유 종수〉

이와 같이 우리나라의 경제 성장에서 KS로 대표되는 표준은 매우 큰 역할을 담당했다. 1960년대에는 KS가 우리 국민에게도 매우 좋은 품질을 증명하는 마크로 인식되어 '경기고-서울대'를 나온 인재에게 'KS 마크'를 받은 사람이라고 우스갯소리가 나올 정도였다.

이것은 다음 그림에서도 짐작할 수 있는데, 1980년 이전에 KS 공장으로 지정되었다는 것은 업종을 불문하고 전국에서 500등 이내에 드는 공장이라는 것을 공식적으로 증명받는 것이었다.

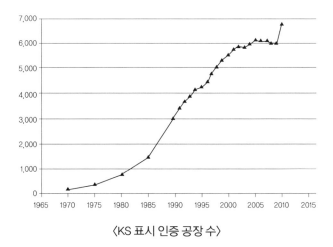

〈KS 표시 인증 공장 수〉

또한 1990년대 하반기부터 표준은 우리나라 경제의 세계 진출을 효과적으로 지원하는 수단이었다. 이러한 표준이 앞으로 우리나라 경제의 지속적 발전에 어떠한 역할을 수행해야 할 것인지는, 계속 연구하고 고민해야 할 부분이라고 생각된다.

표준의
승자들

PART IV

표준의 승자들

1. 휴대용 음악 기기

1877년 미국의 Thomas Edison이 축음기를 발명한 이후, 음악을 기록했다가 나중에 재생할 수 있도록 하는 매체의 형태는 여러 차례에 걸쳐 진화해 왔다. Edison 당시의 음반은 원통 모양이었으나, 이는 곧 원판 모양으로 바뀌어 SP판을 거쳐 LP판으로 발전하였으며 일명 '도넛판'도 인기를 끌었다. 원판 모양은 1980년대부터 본격적으로 출시된 CD에서도 유지되어 현재의 DVD나 Blu Ray 디스크에서까지 활용되고 있다.

그러나 음반은 공장에서 찍혀 나오는 음악만을 재생할 수 있을 뿐 소비자가 직접 녹음을 할 수는 없었으며, 재생 시 진동에 취약하다는 특성 때문에 자동차 등에서는 사용하기 어려운 문제점이 있었다. 녹음과 재생을 반복할 수 있는 매체로는 1930년대 독일에서 처음으로 상용화한 릴 테이프가 있었는데, 이는 재생 장치가 상당히 클 뿐만 아니라 테이프의 신속한 교환도 쉽지 않았다.

이러한 점들을 해결하려면 테이프를 카트리지 안에 내장시키고, 이 카트리지를 전용 플레이어에 삽입하여 음악을 재생하는 방법을 생각할 수 있는데, 이러한 방식을 사용한 첫 번째 제품이 1964년에 미국 자동차 업계에서 나왔다. 8트랙 테이프는 Bill Rear라는 발명가이자 사업가(그는 유명한 비즈니스 제트기 업체인 'Lear Jet'의 창업자이기도 하다)가, 이전의 4트랙 테이프를 개량하여 출시한 제품으로서 미국산 고급 승용차에 장착되어 곧 큰 인기를 끌게 되었다.

1960년대 말 우리나라의 전자 제품 상점에서도 8트랙 테이프와 플레이어들을 취급했으며, 당시의 고급 승용차나 일부 버스에도 8트랙 플레이어가 장착된 것이 있었다.

이 방식에서는 무한히 돌아가는 테이프 릴(테이프 릴의 안쪽에서 테이프를 끌어 내 헤드를 통과시킨 후 릴 바깥 부분에 다시 감게 되어 있다)이 카트리지 속에 내장되고, 플레이어에서의 기계적 버튼 조작에 따라 재생 헤드가 테이프 상의 4개 채널(스테레오 신호 2트랙× 4채널=8트랙)을 아래·위로 옮겨 갈 때마다 다른 채널의 곡을 재생할 수 있도록 되어 있다. 설계 구조상 한 번 카트리지를 꽂으면 정지시키기 전 까지는 계속해서 자동 반복되는데, 이것이 장점이 될 수도 있었다.

그러나 8트랙 테이프의 전성 시대는 네덜란드의 필립스 사가 콤팩트 카세트 방식을 내놓음에 따라 10년도 못되어 막을 내리게 된다.

필립스의 콤팩트 카세트는 테이프 카트리지를 사용한다는 면에서는 8

트랙과 같으나, 무한 회전 릴이라든지 아래·위로 움직이는 헤드와 같이 복잡한 기계적 장치가 원천적으로 없다는 점에서[이 방식에서는 4트랙 (⇒ 스테레오 신호 2트랙×2채널=4트랙) 테이프와 4트랙 헤드를 사용하며, 채널 변환은 전기적으로만 이루어진다] 테이프 및 재생기 업체들에게 훨씬 큰 제조상의 편의를 안겨 주고 있었다.

이러한 기술적 메리트가 필립스 사의 개방적인 지식재산권 전략과 결합되면서 콤팩트 카세트는 바로 세계 시장을 장악하게 된다. 시장이 커짐에 따라 음질을 향상시킬 수 있는 기술도 속속 개발되어 상용화되고, 특히 일본 소니가 워크맨®을 내놓은 이후에는 콤팩트 카세트가 녹음 및 재생 매체의 사실상 국제 표준이 되었다.

그럼에도 불구하고 콤팩트 카세트에서의 음질은 릴 테이프는 물론이고, LP보다도 못하여 자동차 오디오나 휴대용 기기에만 적합한 제품이라는 지적이 계속 있었는데, 이에 대한 개선 노력들이 1970년대 중반부터 다양하게 이루어졌다. 그 중 유명한 것으로는 우선 ElCaset가 있다. 이는 일본 소니가 1976년에 내놓은 방식으로, 콤팩트 카세트보다 넓은 테이프와 빠른 주행 속도를 통해 음질을 향상시키는 데는 성공했으나, 가정에서 사용하기에는 너무 큰 제품이었고 전문가들이 사용하기에는 릴 테이프보다 크게 나을 것이 없다는 문제로 인해 상업적으로는 완전히 실패하게 되었다.

테이프 레코더의 음질을 디지털 방식으로 개선하려는 노력 중 첫 번째로 기록될 만한 것은 일본 소니가 제안한 DAT_{Digital Audio Tape}이다. 이는 사실 콤팩트 카세트의 음질 개선을 위한 시도라기 보다는 CD에 대항하기 위한 시도라고 보는 것이 더 적합할 듯하다. 즉 CD 플레이어의 단점인 녹음이 어렵다는 점을 녹음 재생이 가능한 자기 테이프를 통해 해결하고, 음질은 디지털 방식을 통해 해결하려 했던 것이다.

DAT에서는 가정용 VCR에서와 같이 회전하는 헤드를 통해 테이프에 녹음 및 재생을 하도록 하였다. 그러나 DAT의 획기적으로 향상된 음질은 미국의 음반 업체들로부터 불법 복제 가능성에 대한 불안을 불러일으키게 되어 결국 DAT 기기 및 테이프에 대해 미국 의회를 통한 집중 공격을 야기하게 되었고, 결국 DAT가 자리잡지 못하게 하는 원인도 되었다.

또 한 가지 시도는 바로 1990년대 초반에 필립스가 스스로 제안한 DCC Digital Compact Cassette인데, 필립스는 회전 헤드가 아니라 일반 콤팩트 카세트와 같은 고정 헤드를 사용하는 방식을 채택하여 재생 기기의 복잡성을 크게 감소시켰다. 그러나 이 책을 읽는 독자들 중 많은 사람들이 '이런 물건도 있었나' 하고 생각할 정도라면, 이 방식의 상업적 성공 여부는 굳이 말할 필요도 없을 것 같다.

우리나라에서 한때 매우 인기를 끌었던 방식으로는 일본 소니가 1990년대 초반에 내놓은 Mini-Disc가 있다. 플로피 디스크처럼 생긴 작은 자기 디스크에 음악을 담는 이 방식 역시 콤팩트 카세트를 대체하기 보다는 CD와 경쟁하려고 하였다. Mini-Disc 플레이어는 1990년대에 우리 소비자들이 일본 출장 시에 일부러 시간을 내어 아키하바라 등의 전자 매장에 가서 구입하려고 했던 아주 작고 심플하게 생긴 기기였다.

그러나 소니가 미국의 유명 음반사를 인수한 후 당시의 유명 가수들의 앨범을 미니 디스크로 발매하는 등, 말 그대로 눈물겨운 고군분투를 벌였음에도 불구하고 일본 국내 시장 이외에서는 별로 인기를 끌지 못했으며, 2000년대에 들어와서는 소니 스스로도 이 방식의 재생 기기를 생산하지 않게 되었다. Mini-Disc는 일부 전문가들이 거론한 일본의 '갈라파고스 신드롬'을 나타내는 대표적인 표준 중 하나라고 생각된다.

DAT, DCC 및 Mini-Disc가 성공하지 못한 이유에는, 미국의 음반 업계에서 불법 복제를 우려하여 여러 방법으로 확산에 대한 저지 노력을 펼친 것도 있지만, 이외에도 녹음이 가능한 CD인 CD-R이 개발된 것과 개인용 컴퓨터의 확산으로 오디오도 디지털 정보로 처리하려는 시도가 현실화된 것도 크게 작용하였다.

CD는 음악을 디지털 방식으로 변환하여 저장하는 방식으로는 첫 번째 상용화된 사례이다. 1980년대 중반부터 선진국을 중심으로 보급이 확산되기 시작하여 1980년대 말에는 이미 LP판들은 수요가 급격히 떨어져 할인 판매를 시작할 정도였다. 당시 CD가 한 장에 12달러 정도였고 LP의 정상 가격이 7달러 정도였는데, CD의 제작 단가가 LP 제작 단가보다 훨씬 쌌다고 하니(CD의 작은 크기에서 나오는 재료비 차이만 보더라도 당연하지만), 음반사들로서는 CD로 시장을 옮겨 타는 것이 당연할 수밖에 없었을 것이다.

그러나 당시 CD의 단점은 음반사에서 복제하여 나오는 음악만 재생할 수 있을 뿐 소비자가 직접 녹음을 할 수 없었다는 것인데, 이로 인해 CD 워크맨이 1980년대 후반에 이미 나왔음에도 불구하고 테이프 방식 워크맨을 대체하지는 못했다. 이러한 상황은 CD-R 또는 CD-RW가 상용화되면서 조금 바뀌게 되는데, 그럼에도 불구하고 실시간으로 녹음을 하기 보다는 집에서 CD-R에 녹음을 한 후 이를 CD 플레이어에서 듣는 수준에 머물러 있었다.

휴대용 녹음 장비에서 테이프를 사용하지 않게 된 가장 결정적인 이유는 MP3에서 찾아야 할 듯하다. MP3는 이 글을 쓰고 있는 2012년에도 휴대용 음악 재생 기기에서의 진정한 승자라고 할 수 있다. 최초에는 영화 등 멀티미디어를 디지털화하는 과정에서 오디오 부분을 뒷받침하는 표준으로 만들어진 기술을 일부 네티즌들이 컴퓨터에서 음악을 쉽게 듣고 나눌 수 있는 수단으로 활용하던 것이, 전용 플레이어를 상업적으로 만들게 되면서 전 세계적으로 급속히 확산되게 되었다.

반도체 메모리를 저장 매체로 사용할 경우, 재생 장치 내에 기계적으로 움직이는 부품이 하나도 없어 설계 및 제조 공정이 매우 간편하다는 점, 메모리 산업의 발전에 따라 저장 용량이 얼마든지 커질 수 있다는 점 등으로 인해 기존의 휴대용 음악 기기들은 곧 MP3 플레이어에 그 자리를 내주게 되었다. 소형 가전제품 및 기계 제품의 제조 기술에서 세계 최강자이던 일본이 휴대용 카세트 플레이어 시장에서 누리던 확실한 우월적 지위가 갑자기 사라지고, 한국, 대만, 싱가포르는 물론이고, 중국의 중소기업에서도 괜찮은 품질의 휴대용 음향 기기를 만들게 된 것도 바로 이 때이다.

그런데 미국의 애플 사가 MP3의 장점인 기계 부품을 사용하지 않아도 된다는 점을 일단 무시하고, 하드디스크를 내장시켜 메모리 용량을 당시의 MP3 기기에 비해 획기적으로 늘린 iPod를 출시하였다. 어떤 MP3보다도 큰 저장 용량 덕분에 웬만한 미국 가정에서 갖고 있던 CD 컬렉션을 모두 휴대 기기에 옮겨 저장하여 감상할 수 있게 되었다. 또 이것이 미국 사람들의 정서에 잘 맞아떨어졌는지, 아니면 iPod의 디자인이 멋있었기 때문인지 iPod는 후발 주자였음에도 불구하고 MP3 플레이어 시장을 순식간에 장악하게 되었다.

애플은 같은 시기에 iTunes라는 음악의 온라인 다운로드 방식 판매 서비스도 같이 내놓았다. 다운로드 방식 음악 판매를 시작한 것이 애플이 처음은 아니지만, 세계적인 성공을 거둔 것은 애플이 처음이다. 이러한 성공은 지금까지도 이어지고 있어 2012년 초에는 비디오 콘텐츠 시장에서 비슷한 경쟁이 Apple TV와 Google TV 사이에 벌어지고 있는 실정이다.

애플의 iPod는 MP3 플레이어가 휴대용 음향 기기에서 확실한 세계 표준으로 자리 잡게 한 '킬러 앱'이 되었다. 엄밀하게 말하자면 iPod는 MP3에서의 MPEG 표준을 사용하지 않고 독자적인 인코딩 방식을 사용하고 있으나, 오디오 콘텐츠를 디지털로 변환하고 압축하여 저장하고 재생한다는 면에서는 결국 같은 방식이라 할 수 있으며, 또한 iPod는 스스로가 MP3 플레이어의 사실상 표준이 되었다.

미국이나 유럽의 가전제품 매장에서 흔히 볼 수 있는 iPod를 도킹할 수 있는 다양한 전자 제품들을 보면, MP3 플레이어의 초창기 보급에서 선도적 역할을 담당했던 우리 기업들에게 안타까운 생각이 들 때도 많다.

그러나 iPod가 세계 시장에 끼친 정말 큰 영향은 휴대용 음향 기기 시장의 메커니즘을 완전히 변화시켰다는 것이다. 즉 이전의 시장에서는 높은 기술력으로 고급 음향 기기를 제조하는 업체, 음반 업체 및 공^空 테이프 업체가 각각 수익을 낼 수 있었으나, iTunes 이후의 환경에서는 서비스 제공자가 새롭게 끼어들어 큰 수익을 내는 구조가 된 것이다.

실제로 MP3의 등장 이후 기기 제조 분야에서는 설계 및 제조가 쉬운 디지털 기기의 본질적 특성으로 인해, 후발 업체들도 거의 같은 성능을 내는 제품을 생산할 수 있게 되고, 이로 인한 경쟁이 심화됨에 따라 이전과 같은 수익 창출이 어렵게 되었다. 음반 업계도 CD 등 고객에게 직접 판매할 수 있는 제품의 매출이 과거의 전성 시대와 같기를 기대하기는 어려운 것이 현실이다. 수요가 원천적으로 사라진 공 테이프 산업계에 끼친 영향은 언급할 필요도 없을 것이다.

현재 저장 매체에 대한 표준 경쟁은 디지털 포맷의 승리로써 종료되었다고 판단한다. 최근 자동차용 오디오에도 CD나 카세트테이프 없이 iPod를 연결하거나 MP3 음악을 담은 USB 장치를 연결하는 기능을 갖춘 라디오만을 부착하는 경향이 확대되는 것을 볼 때, 약 40년 동안 콤팩트 카세트가 누려 온 휴대용 음향 기기에서의 왕좌를 MP3 등의 디지털 방식이 차지할 것이다. 적어도 새로운 방식이 등장할 때까지는. 오히려 휴대용 음악 기기에서의 새로운 도전은 MP3 플레이어와 같은 음악 전용 기기가 아니라 휴대폰이나 스마트폰에서 오고 있는 것으로 보인다.

그러나 음악을 디지털 파일로 저장하는 방식에 대한 표준 경쟁은 계속되고 있는 것으로 보이는데, 애플이 아이폰 및 아이팟에서 ISO 표준인 MP3를 사용하지 않고 독자적 방식인 WMA를 사용하는 것은 잘 알려진 사실이다. 다른 한편으로는 MP3 방식의 결점인 데이터 압축 시에 발생하는 음질 훼손을 줄일 수 있는 방향으로 새로운 표준을 제정하려는 다양한 노력이 이루어지고 있어 FLAC 등 몇 가지 무손실無損失 포맷들이 이미 도입되어 사용되는 중이다.

그렇지만 CPU 기술이 발전하고 메모리 가격이 하락함에 따라, 다양한 방식의 음악 포맷을 S/W적으로 모두 처리할 수 있게 되었다. 따라서 소비자들이 음악 파일이 어떤 방식의 표준으로 기록되어 있는지 전혀 신경 쓰지 않아도 되는 상황이 조성되게 되었고, 이에 따라 기업들도 디지털 방식의 표준 전쟁에 1990년대와 같은 큰 관심을 두고 있는 것 같지도 않다.

뒤에서 다시 다루겠으나, 디지털 방식으로의 전환이 더 이상의 표준 전쟁을 종결시킨 셈이다.

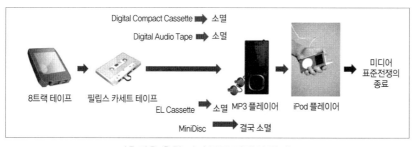

〈휴대용 음향 기기 표준 전쟁의 경과〉

2. 가정용 비디오 녹화 장치

표준의 발전은 고통을 수반할 수 있다. 예를 들어 방송국이나 국립 영상 센터의 자료실에서, 새로운 장비를 사용하여 과거에 유명했던 세계적 오페라 가수의 음반이나 추억의 명화를 시청자가 현장감 있게 감상할 수 있도록 변환 작업을 수행하는 사람들이야말로 이러한 고통을 직접 느끼는 사람들일 것이다.

10여 년 전만 하더라도 이러한 고통은 전문직들에게만 한정된 것이었는데, 최근에는 일반 가정에서도 VHS 방식 VCR 테이프와 8mm 캠코더의 테이프를 변환하는 데 애를 먹고 있다. 예를 들어 결혼식 비디오나 자식들의 어린 시절을 녹화해 두었던 비디오를 다시 보고 싶으면 DVD나 디지털 파일로 변환해야 한다. 그런데 일반 가정에는 대부분 변환용 장비가 없기 때문에 전문 업체의 유료 서비스를 이용해야 한다.

이러한 수고는 가정용 영상 장비에서 저장 매체 및 방식의 표준이 계속해서 바뀐 것이 직접적인 원인인데, 이번 장에서는 이 분야에서의 표준이 어떻게 변화해 왔는지를 살펴보자.

(1) 8mm 영사기

우리나라에서는 별로 보급되지 않았으나, 1950~1960년대에 미국 등 선진국에서는 8mm 필름을 사용하는 촬영기 및 영사기가 중산층 가정에서 제법 널리 사용되고 있었다.

우리나라에서는 대부분 VTR 시대로 바로 진입한 덕분에 가정에서 8mm 영화 필름을 변환해야 했던 수고는 잘 알려져 있지 않지만, 미국에서는 1970년대 말부터 8mm 영사 필름 자료를 비디오테이프로 옮기는 가정용 장비(텔레시네)가 판매되었던 것을 보면 상당한 수고를 감수할 가치가 있었던 모양이다.

사실 가정에서 영사기를 돌려서 가족 영화를 한 번 보려면 기계를 설치하고, 야간이 아닌 경우에는 검은 커튼을 쳐야 하는 등의 수고를 해야 했던 것에 반해, VTR을 통해 감상하는 것은 매우 쉬웠으니 부지런한 사람들은 변환 작업을 열심히 배웠을 것이다.

(2) 가정용 VTR 등장

녹음기에서와 마찬가지로 영상 자료를 자기 테이프에 담아 기록하는 방식은 방송국에서는 일찍부터 상용화되어 왔다. 그리고 릴 방식의 테이프 사용에 불편한 점을 해결하기 위해 카트리지 안에 테이프를 집어넣는 방식도 방송계에서는 일찍부터 사용되고 있었다. 그러나 가정에서 TV로 보는 영상을 녹화할 수 있도록 하는 장치는 소니가 1970년대 초반에 베타막스 방식의 VCR을 출시하기 전에는 사실상 존재하지 않았다.

소니의 베타막스 방식 VCR은 지금 보아도 매우 뛰어난 생각과 기술을 집합시킨 산업계의 걸작품이다. 방송용(2인치)보다 훨씬 좁은 테이프(1/2 인치)를 카트리지 안에 넣을 수 있게 부피를 크게 줄이면서도 (카세트테이프나 8mm 영화 필름과 유사한 접근 방식), 회전하는 원통형 헤드를 통한 헬리컬 스캔 방식을 사용하여 상당한 수준의 화질을 유지한 점 등이 대표적 혁신 포인트였다.

여기서 흥미로운 것은 카트리지 방식이나 헬리컬 스캔 방식 두 가지 모두 소니가 발명한 것이 아니라, 이전에 여러 업체들이 제안하여 다른 형태로 시장에서 사용되던 기술이었는데, 한창 때의 일본 기업답게 소니는 소형화 및 생산 기술에서의 강점을 통해 매우 우수한 제품을 탄생시킨 것이다.

소니의 베타막스 방식 VCR은 TV 바로 옆에 둘 수 있을 정도로 크기가 작아진 점이 마케팅 포인트였는데, 채널이나 타이머 등은 여전히 기계식 장치를 사용하는 것이 눈에 띈다. 우리나라에서는 부산 지방을 통해 베타막스 VCR이 퍼져 나갔는데, 이 지역에서는 일본의 TV 방송을 가정용 안테나로 수신할 수 있었던 것도 원인일 것이다.

그러나 일본의 다른 기업들이 소니의 폐쇄적인 특허 정책 등에 반발하여, 베타막스 방식과는 다른 VCR을 내놓게 되었으니 이것이 바로 VHS 방식이다.

베타막스와 VHS 간의 혈투에 대해서는 워낙 많은 전문가들이 연구한 바 있고, 널리 알려져 있어서 여기에서는 자세히 다루지 않으려 한다. 결과적으로 VHS가 1970년대에 이미 미국 시장에서 압승한 것은 잘 알려진 사실인데(1980년대 말에는 소니조차 베타막스를 포기하고 VHS 방식 VCR을 제조하기 시작할 정도로), 우리나라에서는 중산층의 구매력이 충분치 않은 상황에서 고가의 가전제품을 소비할 수 있는 부유층이 베타막스 VCR을 먼저 구매했었기 때문인지, VHS의 완승은 국내 가전 업체들이 본격적으로 저가 VCR을 출시할 수 있게 된 1980년대 중반에 와서야 이루어졌다.

베타막스 또는 VHS와 관계없이, 가정용 VCR은 영상 산업에서 완전히 새로운 시장을 창출하게 되었다. 미국의 할리우드 영화와 같이 상업적으로 제작된 콘텐츠가 담긴 비디오 테이프를 직접 구입하거나 임대점에서 빌려 볼 수 있는 시장이 새롭게 형성된 것인데, 이러한 비즈니스 모델은 약간의 형태만 바뀌면서 지금까지도 매우 큰(어떻게 보면 가장 큰) 시장으로 계속 발전하는 중이다.

또 다른 신규 시장이 창출된 분야는 소비자가 직접 콘텐츠를 만들도록 해 주는 장치에서이다. 즉 이전에는 방송국이나 영화사에서만 영상 콘텐츠를 만들 수 있었는데, VCR이 보급되면서 소형 비디오 카메라만 있으면 바로 녹화를 할 수 있게 된 것이다. 이러한 카메라, 즉 캠코더의 표준사에 대해서는 다음 장에서 다루기로 한다.

(3) 디지털 방식의 출현 : 레이저 디스크, DVD에서 블루레이를 거쳐 스마트 TV로

할리우드 영화사 등 콘텐츠를 소유한 측에서는, 소비자가 녹화를 할 수 없는 비디오 장치가 자기들의 권리 보호 측면에서 볼 때 가장 바람직한 기계가 될 것이다. 이에 따라 진작부터 LP에서와 같이 영화사에서 만들어진 콘텐츠를 재생만 할 수 있는 장치를 개발하려는 노력이 이루어졌다.

1970년대 말에는 LP에서처럼 픽업 바늘을 사용하여 레코드판에 수록된 비디오 신호를 기계적으로 추출하여 TV에서 볼 수 있게 하는 장치의 개발이 미국 RCA에서 이루어졌으며, 1981년에는 'Selectavision'이라는 제품으로 출시되었다. 우리나라에서도 1980년대 초에 열렸던 전자 전시회에서 우리나라 기업들이 만든 컬러 TV의 성능을 보여 주기 위한 소스 기기로 Selectavision이 사용된 적이 있었다.

그러나 비디오 신호는 오디오보다 데이터 밀도가 훨씬 높아야 하기 때문에, 픽업 바늘과 레코드판이 훨씬 더 정밀하게 제작되어야 한다. 따라서 관리 부담도 높아지기 때문에(LP판도 관리하기가 어려운 점을 상상해 보라), 이 제품을 널리 확산하는 것은 기술적으로도 어려웠다.

레이저 디스크는 CD처럼 레이저 픽업을 사용하여 LP와 같은 크기의 레코드판에 기록된 비디오 신호를 읽어 내는 방식이었다(사실 레이저 디스크가 CD보다 먼저 나왔고, 이 픽업 기술은 나중에 CD에 적용되었다). 이 방식은 지금의 시각으로 보면 재미있게도 오디오 정보는 PCM 방식의 디지털 신호로 전환하여 저장하였으나(초창기 모델은 아날로그 신호로 저장했지만), 비디오 정보는 아날로그 방식으로 저장하는 이중적 방식을 택하고 있었다.

이것은 비디오와 같이 매우 다이내믹한 전기적 신호가 디지털로 기록되었을 경우, 이를 실시간으로 디코딩하는 칩을 만들기가 당시의 기술로는 어려웠기 때문이다.

레이저 디스크는 디스크를 다룰 때 그렇게까지 조심하지 않아도 된다는 점과 VCR에 비해 매우 뛰어난 화질과 음질을 제공하는 점으로 인해 제법 큰 인기를 끌게 되었다. 레이저 디스크 플레이어가 나중에 출시된 작은 크기의 음악 CD도 같이 재생할 수 있게 되면서, 1980년대 후반부터는 가정에서 오디오 시스템을 구성할 때 CD 플레이어 대신 레이저 디스크 플레이어를 채택하고 대형 TV와 함께 설치하는 사람들도 생겨났다. 우리나라에서도 레이저 디스크를 사용하는 가라오케 업소가 등장할 정도였다.

이러한 추세는 이 무렵 돌비 서라운드 시스템의 초창기 방식이 보급되던 것과 결합되어, 드디어 홈 시어터 시장이 형성되는 계기가 되었다. 레이저 디스크는 이후 DVD가 본격적으로 보급되는 2000년 무렵까지 약 10여 년 동안을 홈 시어터의 중심 장비가 된다.

레이저 디스크의 아성을 부순 것은 DVD였다. 레이저 디스크에서는 영상 정보의 실시간적 디지털화 기술과 디지털 데이터를 압축하는 기술이 필요하였는데, 1990년대에 이 기술들이 DVD에 의해 모두 실용화되었다. 그리고 DVD에서부터 기업들이 자신들의 활동을 공적 국제 표준화 조직과 전략적으로 연계하는 동향이 발견된다. 또 이전의 베타막스나 VHS 등에서는 특정 기업 또는 기업 컨소시엄이 독자적으로 기술을 개발하고, 시장 경쟁을 통해 다른 기술 제품을 시장에서 퇴출시키는 기업 전략이 주로 사용되었다.

그러나 DVD에서부터는 서로 경쟁 관계에 있는 선진 기업들이 거의 모두 참여하는 컨소시엄을 구성하여 우선 기술 표준을 제정하고 나서 제품을 개발하고, 동시에 이 기술을 ISO 등 공적 국제 표준화 기구에 제안하여 국제 표준으로 정식 채택시키는 방법이 사용되었다.

이러한 전략이 도입된 이유는 가정용 VCR이라든지 오디오 테이프에서의 경쟁에서 쓴 맛을 본 기업들의 경험도 작용하였으나, DVD에 사용된 MPEG 기술이 HDTV 방송과 같이 정부의 허가가 필요한 분야에서 그대로 채택될 수 있었기 때문이기도 하였다.

DVD는 오디오 CD와 같은 크기의 디스크에서 레이저 디스크 못지않은 화질을 제공하는 한편, 이 시기에 같이 개발된 5.1 돌비 서라운드 사운드 기술도 지원하고 충분한 저장 용량을 통해 여러 언어의 더빙 또는 자막과 보너스 영상 정보도 제공할 수 있어 지금까지의 영상매체와는 완전히 다른 차원의 경험을 불러일으키게 하였다.

DVD는 이제 극장용 영화를 단순히 가정에서 볼 수 있게 하는 수준이 아니라 DVD를 볼 경우 전혀 다른 수준의 콘텐츠, 예를 들어 시청자가 원하는 바에 따라 다른 결말을 볼 수 있게 한다든지, 다른 시각에서 촬영한 화면을 볼 수 있게 한다든지, 또는 특정 사항에 대한 설명 자료를 잠깐 들어가서 볼 수 있다든지, 심지어는 게임을 잠깐 할 수 있게 하는 것도 가능하게 되었다.

DVD가 Digital Video Disk로부터 Digital Versatile Disk로 바뀌게 된 것도 이러한 이유 때문이다. 이에 따라 DVD가 확산되기 위해서는 어떠한 콘텐츠가 제작되었는지가 중요한 요소가 되었는데, 이에 가장 먼저 쌍수를 들고 나선 그룹은 포르노 업계였다.

그러나 DVD 확산에 가장 큰 영향을 준 영화는 Keanu Reeaves 주연의 『매트릭스』라고 할 수 있다. 극장에서도 히트한 이 영화의 DVD는 영화 내 대사에 있는 '하얀 토끼를 따라와라'에 착안하여 시청자가 화면 내에서 토끼를 찾을 경우 추가 정보를 볼 수 있도록 제작되었고(이런 숨은 힌트를 'Easter Egg'라고 한다), 돌비 5.1 서라운드 음향은 Keanu Reeaves가 총알을 피하는 그 유명한 장면에서 총알이 날아가는 소리가 거실을 휘감아 돌 수 있게 하였다.

실제로 미국에서는 매트릭스 DVD를 보기 위해서 DVD 플레이어를 구입한 가정이 급증할 정도였고, 마침 이때부터 중국산 저가 플레이어들이 많이 출시됨에 따라 DVD는 하루아침에 가정용 비디오 플레이어 시장에서 주력 제품으로 부상하게 되었다.

CD에서와 마찬가지로 DVD에서도 녹화 및 재생이 어렵다는 문제점이 있었는데, 이 또한 CD에서와 같이 녹화 및 재생이 가능한 매체가 등장함으로써 해결되었다. 여기에서는 약간의 혼선이 발생하여 DVD-R, DVD+R, DVD-RW, DVD+RW, DVD-RAM 등 다양한 방식이 등장하여 서로 경쟁하게 되었는데, 바로 여기에서부터 디지털 방식의 장점이 발휘되게 된다. 즉 기록 매체가 어떤 방식으로 되어 있든지에 상관없이 소프트웨어적으로 모든 매체를 읽을 수 있는 플레이어가 등장하게 된 것이다.

물론 레이저 픽업과 같은 하드웨어는 서로 다른 매체들을 읽을 수 있는 제품이 개발되어야 했으나, 이것은 베타막스와 VHS에서처럼 테이프의 형상과 크기가 전혀 달라 양쪽 표준을 모두 재생할 수 있는 플레이어를 만드는 것이 원천적으로 불가능했던 것에 비하면 큰 어려움이 될 수 없었다. 그리하여 2000년대 초반에는 VHS 방식 VTR과 녹화가 가능한 DVD가 결합된 콤비 제품도 등장하게 되었다.

DVD에서 오랜만에 서로 협력하여 표준을 정립하는 모습을 보였던 가전 업체들은 고화질 DVD 표준에서 다시 한 번 격돌하게 되었다. HDTV의 보급으로 DVD보다 더 고화질의 영상을 보는 것이 가능해짐에 따라, 가정용 플레이어에서도 이를 뒷받침할 수 있는 새로운 표준이 필요하게 되었는데, 이 표준 전쟁에서는 일본 도시바를 중심으로 하는 HD-DVD 컨소시엄과 소니를 중심으로 하는 블루레이 컨소시엄이 세계 시장을 놓고 경쟁하게 되었다.

두 방식 모두 제공할 수 있는 성능면에서는 큰 차이가 없었으나, HD-DVD의 경우 PC 산업에서 채택하기 더 편하다는 장점이 있었다. 이 때문에 마이크로소프트가 내놓은 X-Box 게임기에서 기본 부품으로 선정되기까지 하였다. 물론 소니 측에서는 자사의 플레이스테이션 3 게임기에 블루레이 디스크를 기본 부품으로 채택하였고, 게임기 산업에서의 가격 경쟁 탓에 한동안 두 게임기가 HD 수준의 홈 시어터를 구성하는데 가장 값싼 기기가 되기도 하였다.

이러한 차세대 DVD 표준 전쟁이 사실상 끝난 것은 2008년 1월로서, 이때 미국의 워너브라더스는 그 해 6월부터는 더 이상 HD-DVD 포맷으로 영화를 출시하지 않겠다고 선언하였다. 이후 2월 중순에는 도시바가 공식적으로 HD-DVD를 포기한다고 공식 선언하게 된다(재미있는 것은 이 발표 이후 도시바의 주가가 올랐다는 것이다).

덕분에 이미 HD-DVD 플레이어와 이 포맷으로 제작된 영화 디스크를 구입한 사람들과 X-Box 게임기 진영이 큰 타격을 받았는데, 그럼에도 불구하고 VCR 표준 전쟁에서와 같이 큰 파급 효과는 일어나지 않았다. 이는 고화질 DVD 및 full-HDTV가 아직 크게 보급되지 않았던 이유도 있겠지만, 더 진정한 이유는 따로 있는 것으로 보인다.

블루레이가 고화질 DVD 표준 전쟁에서 2008년 초에 승리한 이후 2011년 초까지 비디오 플레이어에 사용되는 기록 매체 분야에서의 표준 전쟁은 더 이상 진전되지 않고 있다. 그동안 full-HD 방식의 TV들이 상당히 많이 보급되어 블루레이 플레이어가 확산될 수 있는 기반이 충분히 마련되었음에도 불구하고 대량 판매되지 않는 이유는 무엇일까.

이미 2008년에 블루레이의 승리가 확정된 순간에도 세계적 경제 전문잡지들은 HD-DVD와 블루레이가 결국에는 모두 패배자가 될 것이라고 예측하고 있었다. 이러한 예측은 주문형 비디오 서비스 산업의 발전과 디스플레이 기술의 지속적 발전으로 인한 더 높은 수준의 고화질이 필연적으로 요구될 것이라는 전망에 근거하고 있었다.

DVD나 블루레이를 가능하게 한 디지털 영상 압축 기술이 결국에는 DVD와 블루레이를 시장에서 내쫓는 원인도 제공한 것으로 생각된다. 영상을 모든 형태의 IT 장치에 저장하거나 전송할 수 있다는 것이 결국에는 디스크 방식을 고집할 필요가 없게 만든 것이다.

소비자 측면에서는 메모리 가격이 지속적으로 내려감에 따라, 디지털 영상 데이터를 하드디스크나 메모리 칩에 기록하고 감상하고 관리하는 것이 훨씬 쉬워졌다. 뿐만 아니라 초고속 인터넷의 보급으로 HD 영상도 실시간 전송 방식으로 감상하는 것이(스트리밍 비디오 방식) 가능해져 굳이 디스크에 담긴 영화를 볼 필요가 없어지게 된 것도 블루레이의 확산 실패에 영향을 주었다.

콘텐츠 소유자 입장에서도 스트리밍 방식으로 멀티미디어 콘텐츠를 판매하는 것이, 불법 복제 가능성을 걱정해야 하는 디스크 방식에서보다 훨씬 관리하기 좋은 비즈니스 모델이 될 것이다.

실제로 블루레이가 세계적으로 확산·보급되기도 전인 2010년부터 미국 시장에서 애플 및 구글이 스트리밍 비디오 방식을 채택한 Apple-TV 및 Google-TV 서비스를 각각 내놓으면서 이를 위한 전용 세탑 박스를 판매하기 시작하였고, 우리나라에서도 통신사들이 인터넷을 통한 IPTV 서비스를 활발히 진행하는 한편, 주요 가전 업체들도 2011년 초부터 스마트 TV를 강력히 홍보하기 시작한 것을 보면 디스크 방식의 비디오 플레이어는 이미 시장을 주도하는 동력을 잃은 것이다.

가정용 비디오 기기에 있어서 앞으로의 표준 전쟁은 미디어 포맷의 표준에 대한 전쟁이 아니라, 서비스 포맷에 대한 것이 될 가능성이 크다. 이 또한 소프트웨어적으로 어느 정도의 표준의 차이는 해결할 수 있다는 디지털 방식의 특성을 감안하면,[11] 앞으로의 전쟁은 결국은 비즈니스 모델 간의 전쟁이 될 것으로 보이며, 특히 누가 더 많은 콘텐츠를 더 싼 값에, 그리고 더 빨리 제공할 수 있는지에 대한 전쟁이 될 가능성이 크다.

이 부분에서는 콘텐츠 소유자[12]와 수요자를 어떻게 연계해 주는지, 데이터 베이스를 어떻게 빨리 검색하는지, 데이터 베이스 서버를 값싸게 운영하려면 어떻게 해야 하는지, 제한된 통신 용량 속에서 어떻게 더 많은 사용자를 관리할 수 있는지, 국가별로 모두 다른 저작권 규정이라든지 종교·사상·윤리 등의 차이로 인한 콘텐츠 규제에 어떻게 실시간적으로 대

---

11) 2011년 초에 시판 중인 스트리밍 방식 비디오 플레이어 중 특정 제품에서 재생할 수 있는 디지털 비디오 파일의 포맷들을 살펴보면, MKV, MOV, MP4, AVI, WMV, FLV, TS, TP, M2TS, RM, RMVB 등 11종이며, 지원 코덱 또한 H.264, H.263, DivX, XviD, WMV9, MPEG1/2/4 등 8종에 달할 정도로, 기기에서 표준의 차이에 관계없이 모든 파일을 재생하는 것은 기본 기능으로 자리 잡고 있다.
12) 영화사나 음반사가 콘텐츠를 소유하고 있다는 것이 기존 관념이고 앞으로도 이들이 상당한 역할을 하기는 하겠지만, '유튜브'로 대표되는 'UCC' 및 'e-북' 시대에는 콘텐츠를 만들 수 있는 모든 사람들이 음반사, 영화사 또는 출판사의 중개 없이도 자신의 창작물을 시장에 내놓을 수 있으므로 앞으로는 사실상 모든 사람이 콘텐츠 소유자가 될 수 있을 것이다.

응할 수 있겠는지, 대금 지불이나 과세는 어떻게 하는지 등에 대해 더 많은 표준화 연구가 필요하게 될 것이다.

2005년까지만 해도 우리나라에서 동네 가게로서 제법 괜찮았던 소형 비즈니스 중 2011년에 완전히 없어진 것 중 하나가 비디오 대여점이다. 비디오 대여점은 VHS에서 DVD로 표준이 바뀌어 가는 중에도 여전히 살아남아 테이프 대신 디스크를 대여해 주고 있었고, 미국에서도 'Blockbuster'라는 비디오 대여점 체인이 1980년대 말부터 지속적으로 성업 중이었다.

그러나 우리나라에서는 케이블 TV(특히 디지털 방식) 및 통신사의 VOD 서비스 때문에 비디오 대여점 채널이 완전히 없어지게 되었으며, 미국에서도 Blockbuster가 2010년 9월에 파산 보호 신청을 하게 되기까지 이르렀다. 미국에서 유일하게 살아남은 비디오 대여 기업은 'Netflix'인데, 이 회사가 1997년에 출범할 당시에는 DVD를 우편으로 대여해 주고 회수하는 방식의 비즈니스 모델을 들고 나와 성공하였으나, 결국에는 인터넷을 통해 스트리밍 방식으로 VOD 서비스를 제공하는 기업으로 변신하여 살아남았다. 그러나 Apple-TV, Google-TV 및 스마트 TV들과의 경쟁에서도 생존할 수 있을지는 계속 지켜봐야 할 것이다.

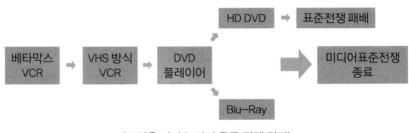

〈가정용 비디오 기기 표준 전쟁 경과〉

3. 가정용 비디오 카메라

(1) 캠코더의 등장

비디오 카메라를 일반 가정에서도 사용할 수 있는 제품으로 만들기까지는 약간의 시간이 필요했는데, 이것은 바로 비디오 카메라에 들어가는 영상 소자를 소형화하는 기술이 1980년대에 와서야 상업적으로 확립되었기 때문이다. 이전에는 비디콘vidicon과 같이 진공관 형태의 영상 소자가 카메라에 장착되었는데, 이러한 카메라는 무겁고 덩치가 컸기에 방송국 스튜디오에 있는 큰 카메라에서라면 문제가 없었으나 가정에서 사용할 수 있는 일체형으로 된 캠코더로 만들 수는 없었다.

일체형 소형 캠코더를 위한 기술적 기반은 미국에서 처음 개발된 CCD-Charge Coupled Device 센서를 소니가 1980년대 초에 대량 생산할 수 있게 되면서 마련되었다.

소니는 이 기술을 이용한 일체형 캠코더를 1982년에 방송용(베타캠)으로 먼저 내놓고, 그 다음 해에는 베타막스 테이프를 사용하는 캠코더(베타무비)도 내놓았다. 그러나 가정용 VCR 시장을 장악한 JVC 진영 측에서도 VHS 테이프를 사용하는 일체형 캠코더를 같은 해에 출시하게 됨에 따라 결국 가정용 캠코더 시장에서도 VHS 방식 캠코더가 세계 시장을 장악하게 되었고, 소니의 베타캠은 방송 시장에서의 표준이 되는 선에서 만족하게 되었다.

그러나 캠코더의 거대한 크기는 일반 가정의 사용자에게 큰 부담이었고, 제조업체들은 크기를 줄여 보려는 경쟁을 시작하게 되었다. 이러한 노력의 첫 번째 작품은 VHS 진영에서 나왔는데, 테이프 카트리지의 크기를 줄이되 테이프의 폭은 유지함으로써 카트리지 어댑터를 사용할 경우,

VHS 방식 VCR에서 그대로 재생해 볼 수 있는 VHS-C(C는 compact를 의미한다) 방식을 새로 내놓고, 이를 적용한 캠코더를 출시했다.

JVC측은 이 새로운 표준을 확산해 보려고 당시 유명한 SF 영화였던 『Back to the Future』에 소품으로 넣는 등 열심히 노력을 했으나, 실제로 체구가 큰 미국 소비자(특히 아버지)들은 풀 사이즈 테이프를 쓰는 캠코더에 그런대로 만족했었는지 VHS-C 방식 캠코더는 크게 성공하지 못했다.

1980년대에 벌어진 이러한 경쟁에는 우리나라 기업들도 드디어 참여하게 되는데, 1986년 한국전자전에서는 삼성전자가 4mm 테이프를 사용하는 일체형 캠코더를 내놓아 대통령상을 받게 된다. 당시 신문에는 '4mm TV 세계 최첨단 기술'이라는 보도 기사가 나오기도 했다. 4mm 테이프는 앞서 녹음기 부분에서 설명했던 DAT와 같은 모양의 것인데, 영상 녹화에 적용한 것은 이것이 처음이었던 것으로 기억된다.

그러나 이러한 획기적 시도는 전자전 출품 및 수상으로만 끝났고, 국제 표준으로 채택시키는 등 세계적으로 확산하려는 후속 노력은 없었던 것으로 보인다. 우리나라 기업들이 글로벌 표준 경쟁을 이끄는 위치로 나서게 되려면 이때부터 약 20년을 기다려야 했다. 2004년 필자가 수원 삼성전자의 전시관을 견학할 때 4mm 캠코더의 시제품이 역사실에 전시된 것을 볼 수 있었다.

그 몇 년 후 VCR 시장에서의 패배에 절치부심하던 소니는 캠코더 분야에서 전혀 다른 포맷의 테이프 및 기록 방식을 사용하는, 당시 기준으로는 가장 작은 캠코더를 내놓게 되는데 이것이 8mm 핸디캠이다.

이것은 과거에는 어깨에 메지 않으면 안 될 정도로 큰 캠코더의 크기를 손에 들 수 있는 일반 카메라와 같은 수준으로 줄임으로써, 일반 가정에서 캠코더를 다룰 수 있는 사람을 아버지로부터 모든 가족으로 변화시켰다.

거기에 더하여 화질까지도 VHS보다 훨씬 수준이 높아짐에 따라, 이때부터 소비자가 영상 콘텐츠를 직접 제작할 수 있는 시대가 열리게 된 것이다. 결국 소니의 핸디캠은 캠코더의 세계 시장을 평정하게 되었다.

하나의 신제품이 시장을 변화시키는 사례는 그리 많지 않은데, 소니로서는 1970년대 말의 워크맨에 이어 또 하나의 '홈런'을 친 셈이고, 이를 통해 이후 상당 기간 동안 가전 시장에서의 우위를 유지할 수 있었다.

그런데 8mm의 영광은 그리 오래 가지 못했다. 주로 일본 기업들이 연합한 컨소시엄에서 더 작은 테이프(6mm)를 사용하는 소형화와, 디지털 방식을 통한 고화질을 동시에 구현하는 mini-DV 캠코더를 1990년대 중반에 내놓았기 때문이다. 이 방식은 전문 방송용 기기만큼이나 좋은 화질을 제공하면서도 손바닥 위에 올릴 수 있을 정도로 작은 크기를 가능하게 함으로써 캠코더의 표준에 변화를 가져 왔다.

6mm 디지털 캠코더는 고화질 덕분에 방송용 카메라 시장에서도 베타캠의 대체품 역할을 할 수 있었는데, 특히 카메라의 크기가 매우 작아지게 됨에 따라 이때부터 방송사의 취재반을 촬영 기사 없이 기자 혼자만으로도 구성하는 것이 가능하게 되었다. 요즘에 일반화된 'VJ'라는 용어도 이 덕분에 생긴 것이라 할 수 있다.

그러나 6mm 캠코더는 결국 8mm 캠코더에서와 같은 운명을 밟게 되었으니, 이것은 다음 장에서 설명할 본격적인 디지털 방식의 매체의 등장과 관련이 있고, 이것은 결국 이 분야에서의 Game Changer로서 자리 잡게 된다.

(2) 본격적인 디지털 방식의 등장 – DVD로부터 스마트폰까지

6mm mini-DV에서는 디지털 방식으로 영상이 기록되고, 물론 그 이전의 레이저 디스크에서도 음향 신호만큼은 디지털 방식으로 기록하기도

했으나, PC에서 바로 읽고 활용하는 것이 가능한 첫 번째 영상 기록 매체는 DVD였다. 따라서 캠코더로 찍은 영상을 바로 PC로 보거나 편집 기능을 쉽게 조작할 수 있는 DVD(DVD-RAM 또는 DVD-RW)를 캠코더에 장착하려는 시도는 일찍부터 이루어졌으며, 특히 일본의 히타치는 DVD-RAM을 사용한 캠코더를 가장 먼저 출시하기도 하였다.

이후 여러 가전 업체에서 DVD+R 등의 기록 가능 디스크를 사용하는 캠코더를 출시하였다. 그러나 DVD를 캠코더에 사용하는 것은 본질적으로 기술적인 문제점을 가지고 있었다. 우선 디스크가 일정 속도로 안정적으로 회전하고 있어야 녹화가 가능한데, 디스크가 정지 상태에서 이러한 상태까지 도달하는데 시간이 오래 걸리기 때문에 즉각적인 촬영이 불가능하다는 점이 있었다(그러지 않으려면 디스크가 항상 돌고 있어야 하는데 이 경우 배터리 소모량이 많았다).

두 번째 문제로는 DVD의 레이저 픽업에서는 정밀한 트래킹이 요구되지만, 필연적으로 흔들릴 수밖에 없는 캠코더에서는 이것이 사실상 불가능하여, 오류의 발생 가능성이 제법 높다는 것이었다. 사실 필자도 국내 전자 업체에서 출시했던 DVD 방식 캠코더를 2006년부터 약 3년간 사용한 적이 있는데, 위에서 나열한 문제점 외에도 DVD 매체의 품질에 따라 어떤 것은 인식이 잘 되고 어떤 것은 잘 안 되는 등의 문제가 많아 고생했던 기억만 남아 있다.

또한 DVD가 MPEG-2 방식을 채택했다고 하더라도 기본적으로 DVD 포맷에 의한 인코딩이 되어 있어 PC에서 편집하기가 불편했던 점과, 녹화된 DVD의 장기 보관의 신뢰성이 그다지 높지 않아 4~5년이 지나서 보니 녹화했던 내용의 1/3 정도에서 불량이 발생했다는 것은 나중에야 알게 된 결점이었다. 그러다보니 MPEG-2 방식으로 영상 정보를 바로 기록할 수 있는 방법을 모색하게 되었고, 이미 2000년대 중반부터 소형 하드디스크 (HDD) 또는 메모리 반도체를 캠코더에 장착하려는 시도가 있었다. 이 가운데 비용이 저렴하게 드는 HDD부터 캠코더에서 사용되기 시작하였는데, 이것은 애플이 초창기 iPod에 HDD를 사용했던 사례와 유사하다.

그러나 HDD를 사용하는 캠코더는 찍은 영상을 가정의 TV로 보기 위해서는 캠코더를 TV에 직접 연결하거나, 아니면 데이터를 PC에 옮겨 DVD로 구운 후 DVD 플레이어로 재생해야 하는 불편이 있었다. 또한 휴대용 기기에서 HDD를 사용한다는 것이, 일단 전원이 들어가면 내부 디스크가 계속 돌아가는 특성상 전력 소모가 크다는 단점 외에도, 휴대용 캠코더에서 디스크 자기 헤드를 안정적으로 제어하기 어렵고, 디스크 표면의 손상 방지를 막기 어렵다는 점 등이 있어 원천적으로 크게 좋은 기술은 아니었다.

이후 반도체 메모리에서 집적도가 높아지는 한편, 가격도 HDD와 경쟁할 수 있을 정도로 낮아짐에 따라 메모리 칩을 기억 매체로 사용하는 캠코더가 등장하였다. 이 방식은 전력 소모가 매우 작다는 점, 캠코더의 무게와 크기를 줄일 수 있다는 점, 메모리 카드 리더기만 있으면 다른 플레이어에서도 영상을 쉽게 재생할 수 있다는 점 등의 장점이 있었다.

또 캠코더의 고전적인 모양을 유지하면서 고화질을 지향하는 제품이 지속적으로 생산되는 한편, 휴대폰처럼 생긴 작은 제품들도 포켓 캠코더라는 이름으로 출시되어 나름대로의 인기를 끄는 제품이 되었다.

지금은 DVD를 사용하는 캠코더는 이미 시장에서 사실상 퇴출되었지만, HDD를 사용하는 방식과 메모리 칩을 사용하는 방식은 아직 경쟁을 벌이고 있는 실정이다. 그러나 MP3 플레이어에서와 똑같은 상황이 캠코더에서도 발생하게 되었는데, 완전한 디지털 방식으로 영상 데이터를 기록하는 캠코더가 되다 보니 영상 미디어 포맷에서의 표준 전쟁은 의미가 없어지고,[13] 데이터 포맷에서의 표준 전쟁이 중요성을 갖게 된 것이다.

또한 웬만큼 다른 포맷의 영상 데이터도 소프트웨어적으로 모두 읽어내는 것이 가능하게 됨에 따라, 캠코더 제조업체들은 오히려 MPEG-2와 같은 1990년대의 국제 표준 데이터 포맷을 사용하기보다는 자사 고유의 포맷을 사용하는 방향으로 나아가는 경향이 관찰되고 있다.

또 한 가지 캠코더 시장에서 일어나고 있는 지각 변화는, 향후 몇 년 이내로 일반 가정용 캠코더가 아예 없어지게 할 수도 있는, 엄청난 잠재력을 갖고 있는 스마트폰이 몰고 올 변화가 바로 그것이다. 스마트폰은 이미 이른바 '똑딱이'영어로는 'Point and Shoot'라는 소형 디지털 카메라를 조만간 퇴출시킬 수도 있을 것으로 여러 매체에서 예측하고 있는데, 가정용 캠코더 시장에서도 마찬가지의 현상이 발생할 수 있다.

요즘 인기 있는 자료 공유 사이트에 올라오는 동영상 중 상당수가 휴대폰(또는 스마트폰)으로 촬영한 것이라는 점, 이미 영화 업계에서도 유명 감독들이 스마트폰 영화 제작을 시도하기 시작한 점, 그리고 앞으로 캠코더를 사용할 세대가 어려서부터 휴대폰을 가지고 놀면서 성장해 온 세대라는 점을 생각하면, 이러한 전망이 상당히 근거가 있다는 것이다.

그리고 가정용 캠코더 시장의 앞길을 불안하게 하는 또 다른 요인은 최근에는 고급 디지털 카메라로부터 오고 있다. 즉 DSLR이나 미러리스mir-rorless 디지털 카메라로 촬영할 수 있는 동영상의 품질이 전문 비디오 카메

---

13) 이러한 현상은 디지털 카메라에서 이미 잘 나타나고 있는데, 1999년 JPEG가 디지털 사진의 국제 표준으로 자리 잡은 것이 디지털 카메라 시장이 2000년대에 급속히 성장하는 데에 가장 큰 기여를 했다고 평가되고 있다. 그러나 디지털 카메라에 사용되는 메모리 카드인 Compact Flash, SD, Micro-SD, XD, Memory Stick 등 다양한 방식이 2011년까지도 통일되지 않고 있음에도 불구하고, 일반 소비자들의 불만이 별로 없다는 것을 보면 미디어 방식에 대한 표준 전쟁은 이미 필요없게 된 것으로 보인다.

라에 견줄 수 있을 만큼 기술이 발전하였기 때문인데, 이러다 보니 상업적 영화에서도 아예 DSRL을 보조가 아닌 주 카메라로 사용하는 사례도 생겨나게 되었다.

또한 미러리스 디지털 카메라의 한 흐름을 이끌고 있는 파나소닉–올림푸스의 '마이크로 포서즈 그룹'에서는 아예 마이크로 포서즈 렌즈 마운트를 사용하는 캠코더를 출시하였다. 이 캠코더는 매우 다양한 일반 카메라용 고급 렌즈들(심지어는 필름 카메라 시대의 명기인 Leica, Zeiss나 Nikon 렌즈들도)을 저렴한 어댑터를 통해 모두 사용할 수 있어, 일반 캠코더는 물론이거니와 전문가용 영화 카메라보다도 우수하다고 홍보하고 있다.

이러한 장점들을 전문 영상 업체들도 인식하게 되어, 2011년 5월 영국의 BBC 방송국은 자사에 납품할 HD 영상을 제작할 때 사용이 승인된 비디오 카메라의 목록에 파나소닉의 'AG–AF–101'이라고 하는 마이크로 포서즈 캠코더를 추가하였다. 또한 디지털 카메라로부터 파생된, 상대적으로 저렴한(물론 상업용 제품 중에서) 캠코더가 가장 전문적인 HD 영상을 제작하는 데 사용될 수 있다고 공인됨에 따라 고급 영화 카메라를 제작하는 업체들조차도 영향을 받게 되었다.

심지어는 콤팩트 디지털 카메라에서도 2011년 하반기부터 풀HD 화질의 동영상 기능이 확산됨에 따라 이러한 카메라를 상업 방송용 콘텐츠 제작에 사용하는 시도도 발견되고 있다.

이렇게 휴대폰, 디지털 카메라 및 파생 캠코더를 통해 상업적 영화까지 만들 수 있게 된 것은 단순히 장비 제조업체들 간의 경쟁 구도가 바뀌게 되는 것만을 의미하는 것은 아니다. 휴대폰과 같이 언제나 지닐 수 있는 장비로 영화를 찍을 수 있게 된다든지, 제3세계의 재능있는 젊은이들이 최고급 HD 영화를 이전보다 훨씬 쉽게 제작할 수 있게 된 것은, 인터넷을 통해 누구나 쉽게 자신의 작품을 세계에 알리고 퍼뜨릴 수 있는 시대가 열린 것과 결합되어, 조만간 산업계뿐만 아니라 사회 및 문화 전반에 걸쳐 우리가 상상하지 못했던 엄청난 변화를 몰고 오게 될 것이다.

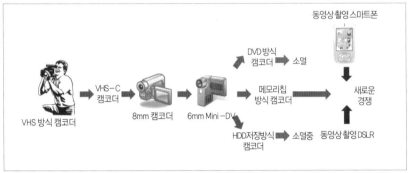

〈가정용 캠코더 표준 전쟁 경과〉

4. 텔레비전 수상기

텔레비전의 표준은 아날로그 시대와 HDTV 시대 사이에서 확실히 나뉜다. HDTV 시대 이전에는 해외 근무를 하게 될 때 어려운 점 중의 하나가 TV를 NTSC, PAL 등 거주 지역의 방송 표준에 맞는 제품으로 바꾸어야 하는 것이었다. 물론 전기의 전압 및 주파수가 서로 달라 어려운 점도 있었으나, 이것은 프리볼트 제품이 전자 제품 분야에 채용되면서 1990년대 중반 이후에는 어느 정도 해결되었으며, TV 방송 방식의 차이만 계속 문제로 남게 되었다. 또 해외에 거주하지 않더라도 위성 방송 등을 통해 다양한 외국 방송을 시청할 경우에는, 조금 더 비싸더라도 NTSC와 PAL 방식을 모두 시청할 수 있는 멀티 표준 방식의 TV를 구입하여 사용하는 것이 더 나을 수도 있는데,

실제로 동남아 국가 호텔 객실의 TV는 상당수가 멀티 표준 방식이다.

그러나 디지털 방식의 HDTV가 일반화되면서 이러한 방식의 차이는 별 의미를 갖지 못하게 되어, 지역 케이블 방송국에서 제공하는 세탑 박스만 연결할 수 있으면 우리나라에서 구입한 평판 HDTV를 전 세계 어디에서 나 연결하여 사용할 수 있게 되었다. 또한 HDTV 시대로 진입하는 과정에서 TV 내의 전자 회로가 아날로그에서 디지털 방식으로 바뀌면서 TV 제조 공정에서의 업체 간 기술 격차가 급격히 줄어들어 후발 기업들에게도 선진 업체와 공평하게 경쟁할 수 있는 기회가 마련되었다. 현재 우리 전자 업체들이 고급 평판 TV 시장에서 1, 2위를 차지하게 된 것도 어떻게 보면 TV가 디지털 방식으로 바뀐 덕분이라 할 수 있다.

이번 장에서는 TV 표준이 변화한 과정을 살펴보기로 한다. 물론 HDTV 가 도입되는 과정에서, 그리고 지금도 계속해서 세부적 내용에 대한 표준 이 진화하고 있기는 하지만, 이 책에서는 매우 간략하게 표준의 변화 과정 을 다루려 하며, 그 내용에서도 방송 표준이 아니라 텔레비전 수상기의 표 준이 어떻게 바뀌었는지에 대한 것이다.

(1) 아날로그 시대의 표준 현황

1990년 이전까지 세계의 TV 방송 표준은 국가별로 미국, 서유럽 및 동 구권의 세 가지 방식으로 나뉘어 있었다.

미국은 NTSC라는 표준으로 1초에 60필드, 30프레임을 인터레이스 방 식으로 보여 주는 컬러 텔레비전 방송을 하고 있었으며, 캐나다·멕시코 등 미주 국가들과 일본·한국·필리핀 등의 국가들이 이 표준을 채택하고 있었다.

PAL은 프랑스를 제외한 대부분의 서유럽 국가들과 캐나다를 제외한 영국 연방 국가들 및 중국·인도 등이 채택한 표준으로서, 1초에 50필드 및 25프레임을 보여 주는 방식이었다. SECAM은 프랑스가 개발한 컬러 텔레비전 방송의 표준으로서 PAL과 유사하지만, 컬러 신호를 내는 부분에서 차이가 있었다. SECAM은 소련·동독 등 공산권 국가들과 아프리카의 불어권 국가들에서 주로 사용되었다.

이 당시 TV 제조업체들의 경쟁은 더 좋은 화질을 내놓는 쪽으로 집중되어 있었다. 이러한 경쟁에서 승자로 먼저 나선 업체는 일본의 소니였는데, 컬러 브라운관에 필요한 섀도 마스크를 수직 방향의 홈 모양으로 제작함으로써, 이전의 원형 구멍 배열 방식에 비해 화질 개선에 월등히 성공함으로써 시장을 장악하게 되었다.

더욱이 소니의 Trinitron® 브라운관은 다른 업체들의 제품이 공球 모양을 하고 있는데 비해, 원통형 모양으로 함으로써 외관면에서도 훨씬 인기를 끌 수 있었다. 일본의 다른 업체들이 Trinitron® 브라운관의 특허 기술을 우회하면서도 사실상 같은 화질을 낼 수 있는 브라운관을 개발했음에도 불구하고, 외모의 힘으로 소니가 세계 시장을 석권하던 현상은 훨씬 나중에 완전 평면 브라운관 방식의 TV가 나온 후에야 바뀔 수 있었다.

완전 평면 브라운관이 상용 제품이 사용된 것은 미국 Zenith사가 1989년에 내놓은 컴퓨터 모니터 ZCM-1490이 처음이다. 발매하자마자 소니의 Trinitron® 방식 모니터와 경쟁을 하게 되었는데, 결국은 소니를 포함한 모든 모니터가 완전 평면 방식으로 바뀌게 된다.

우리 업체들도 이 시절에 TV의 표준을 바꿔 보려는 시도를 하기는 하였는데, 삼성전자의 '1인치 더 큰 TV'가 대표적인 사례이다. 물론 이러한 TV를 지금은 찾아볼 수 없다.

(2) HDTV의 태동 – 일본의 노력

HDTV의 상용화는 일본에서 가장 먼저 발생하였다. 일본은 국가적 프로젝트로서 HDTV 개발을 추진하여 '하이비전'이라는 방식을 1980년대 말에 이미 상용화할 수 있었다. 일본의 NHK는 1988년 서울올림픽에 하이비전 중계팀을 파견하여 시범 방송을 할 수 있었을 정도로 방송사의 장비 및 가정용 수상기 모두에서 상당한 발전을 이루고 있었다.

특히 일본 방송사들은 처음부터 위성 방송을 통해 하이비전 프로그램들을 방송하였는데(채널당 밴드 폭이 넓은 탓에 어쩔 수 없는 선택이었다), 덕분에 우리나라에서도 일본 위성 방송인 BS의 수신 안테나를 갖추면 HDTV를 시청할 수가 있었다.

하이비전 TV는 아날로그 회로를 통해 고품질 화면의 많은 정보를 빨리 처리하도록 구성됨에 따라, 일본 기업들이 자신의 기술적 우위를 최대한 발휘하고 후발 업체들이 감히 비슷한 제품이라도 생산할 수 없는 제품이었다. 그러나 바로 그때, 즉 1980년대 말부터 세계 전자 업계의 큰 흐름은 이미 아날로그에서 디지털로 바뀌고 있었다. 오디오 분야에서는 CD가 정착되고 있었으며, 비디오 분야에서도 비슷한 노력이 시도되고 있었다. 일본의 하이비전이 '거대한 공룡'처럼 멸종하게 되기까지는 10년도 걸리지 않았다. 또 일본의 하이비전이 세계적으로 확산되지 않은 중요한 이유로, 당시의 대형 디스플레이 기술이 충분하지 못했다는 점을 생각할 필요가 있다.

HDTV는 일반 TV보다 확실히 해상도가 좋기는 하지만, 이러한 장점을 시청자가 충분히 느낄 수 있으려면 화면의 크기가 지금까지의 TV보다 훨씬 커야만 했다. 인간 공학적으로 볼 때 TV의 크기가 최소한 40인치형 이상이 되어야 고화질의 장점을 쉽게 느낄 수 있다는 연구 결과도 나와 있었으나, 당시 CRT로 만들어지던 일반 TV에서는 38인치형 정도가 가능한 최대 크기였다. 또한 38인치형 CRT TV의 경우에는 브라운관 유리 두께가 2cm가 넘을 정도여서 TV의 무게가 150kg에 달하였고, 앞뒤 두께도 상당해서 가정집 거실의 문을 통과하지 못할 지경이었다.

목조 가옥이 많은 미국에서는 아파트 2층 이상에는 안전상 이유로 대형 TV를 설치하지 못하게 하는 경우도 있었다. 당시에 50인치 이상의 대형 화면을 구현할 수 있는 장비로는 CRT 방식의 비디오 프로젝터가 있었는데, 이것은 당시에도 1만 달러를 넘는 제품이어서 일반 가정에서 사용하는 데에는 문제가 컸다.

따라서 일본이나 우리나라와 같이 집이 별로 크지 않아 약간만 큰 TV에서도 고화질을 느낄 수 있는 환경이고(TV에 가까이 앉으면 되니까), 신기술 제품을 유난히 선호하는 국민이 많은 국가가 아닌 이상, 하이비전 방식이든 아니든 간에 HDTV가 본격적으로 보급되기는 어려웠을 것으로 생각된다.

결국 어떠한 기술이 본격적으로 보급되기 위해서는 이를 보조하는 주변 기술들도 같이 발전해야 한다는 논리가 여기에서도 작용하게 된 것인데, 대형 디스플레이 기술이 HDTV를 뒷받침할 수 있을 정도로 발전하면서 일반 가정에서도 충분히 구입할 수 있을 정도로 저렴하게 되려면 2000년대 초반까지 기다려야만 했다.

(3) 유럽 및 미국에서의 HDTV 개발 움직임

일본이 아날로그 방식의 '하이비전'을 상업화하고 나서, 유럽 및 미국에서도 HDTV 방송을 시작하려는 노력이 시작되었는데, 특히 방송 방식을 설정하는 부분에서 전략적인 표준화 활동이 이루어졌다. 이러한 부분은 이동 통신 분야에서의 당시 활동과 유사한 모습을 보이는데, 유럽과 미국의 공통적인 활동 방향은 일본이 선점한 하이비전 방식은 사용하지 않는다는 것이었다.

유럽은 1986년 EU 국가 간의 국제 공동 연구인 '유레카EUREKA' 프로젝트로서 'E!-95-HDTV'를 시작하고 나서 약 10년간에 걸쳐 디지털 방식 HDTV 방송 표준을 제정하였다. 또한 미국은 약간 늦은 시기인 1993년에 몇몇 업체와 MIT 공대가 모여 'Grand Alliance'를 설립하여 HDTV 방송 표준을 제정하고, 여기에서 만든 디지털 방식의 표준을 FCC가 1995년에 승인하였다.

이에 따라 가전 분야에서 가장 큰 시장인 EU와 미국이 모두 디지털 방식의 HDTV를 사용하게 되었으며, TV 수상기도 이에 따라 제조되어야 하는 환경이 조성되었다.

(4) TV 시장의 재편

앞서 기술한 바와 같이 HDTV가 성공하기 위해서는 대형 디스플레이가 품질과 가격 모두에서 이를 뒷받침할 수 있어야 하는데, 이러한 조건을 만족시킬 수 있는 기술로서 1990년대 중반에 상용화되고 있던 것으로는 PDP와 CRT 방식의 리어프로젝션 TV가 있었다.

PDP TV는 일본 기업들이 먼저 상용화하였으나, 가격이 매우 비싸 일반 가정이 선뜻 구매하기는 어려운 상품이었다. 리어프로젝션 TV는 상대적으로 가격이 저렴했으나 매우 무겁고 화질이 그다지 좋지 않다는 것이 단점이었다. 따라서 HDTV 방송은 시작되었으나 이를 가정에서 제대로 즐길 수 있는 환경은 조성되지 않은 셈인데, 이 무렵부터 아날로그와 디지털 방식의 차이가 제조업에도 영향을 미치는 현상이 나타나기 시작하여 모든 상황을 바꾸게 된다.

일단 HDTV 수상기는 수상기 회로를 디지털 방식으로 구성할 수 있음에 따라, 아날로그 회로를 구성할 때 요구되던 경험과 세부 기술이 크게 필요하지 않았다. 이전에 소니의 Trinitron® TV가 세계적으로 인기가 있었던 것은 그 모양이 예뻤기 때문이기도 하지만 화질도 다른 제품에 비해 훨씬 좋았기 때문이었는데, 이는 브라운관 자체의 기술도 있지만 무엇보다도 소니가 아날로그 비디오 회로를 설계하고 제작하는 기술이 매우 뛰어났기 때문이었다.

그런데 디지털 회로는 그 성격상 전자 신호의 처리에서 상당히 큰 관용도를 가지고 있다 보니, 설계만 제대로 된다면 최종 제품의 성능도 아날로그 제품에 비해서는 제조 공정에서의 정교함에 덜 의존하게 되고 쉽게 확보할 수 있는 성질을 가지고 있어, 디지털 방식의 HDTV 수상기를 만드는 데에는 우리 기업들과 일본 기업들 간에 있던 기술적·경험적 격차가 하루아침에 크게 줄어드는 효과가 발생하였다.

또한 PDP TV는 제조 공정이 반도체 공정과 유사하여 이미 메모리 반도체 기술에서 어느 정도의 기술력과 경험을 보유했던 우리나라 업체들이 일본 기업들을 금방 따라갈 수 있었다고 평가된다.

여기에 더해서 우리 기업의 TV들이 특히 미국 시장에서 급성장할 수 있었던 또 하나의 기술적 이유는, 미국 Texas Instrument사가 개발한 DMD-Digital Micro-Mirror Device 칩을 채용한 리어프로젝션 TV를 우리가 가장 먼저 개발하였기 때문이라고 생각된다.

TV의 DMD 칩은 CRT와는 달리 완전히 디지털 신호로 구동될 수 있는 장치로서, 이를 프로젝션 TV에 사용할 경우 디지털 회로로만 구성된 수상기를 만들 수 있다. 또한 당시의 PDP TV보다 싼 값에 큰 화면과 고화질을 구현할 수 있고, CRT 방식의 리어프로젝션 TV에 비해 부피도 작아지고 화질도 획기적으로 좋아지게 되었다.

DMD 칩을 사용한 리어프로젝션 TV는 60인치 크기에 HDTV-Ready(HDTV 튜너는 없으나 별도 입력을 통해 높은 해상도를 구현할 수 있는 기능) 성능을 제공하는 수상기가 2000년대 초부터 시판될 수 있었다.

바로 이 시기가 TV 분야에서 우리 기업들이 일본 가전 기업들을 앞지르기 시작한 때와 일치한다. 참고로 이때부터 미국 중산층 이상에서 한국산 제품을 가지고 있는 것이 자랑할 만한 일이 되기 시작하였다고 한다. 즉 2000년대 초반에는 한국산 휴대폰을 가지고 있는 것을 자랑하기 시작했고, 2004년에는 한국산 프로젝션 TV를 새로 산 것이 자랑거리가 되었다고 한다.

이후 TV 수상기에서는 기술이 급속히 발전함과 동시에 가격도 계속 낮아져, PDP TV에서 LCD를 거쳐 LED TV까지 널리 보급되었으며, 앞으로는 OLED TV도 보급될 것으로 기대된다. 또한 TV의 성능도 지속적으로 향상하여 화면에 있어서는 풀 HD 성능은 물론이고 3D 기능까지도 갖추게 되었으며, 통신 기능과 관련해서는 인터넷과 직접 연결하거나 USB를 통해 다른 저장 매체들과 연결하는 능력도 갖추게 되었다. 외부 장치와 연결하는 단자의 방식에서도 HDMI와 같이 영상과 음성을 모두 디지털 방식으로 연결하는 표준이 등장함으로써 사용자에게 큰 편의를 가져 오게 되었다.

앞에서 설명한 발전 중 다양한 화면 주파수를 모두 구현할 수 있게 된 것과 같은 화면 성능 측면에서의 발전이 인터넷 등 다양한 외부 소스와 연결할 수 있게 된 점과 결합됨에 따라, TV 방송에서의 방식 표준 차이는 앞으로는 지금까지와 같이 큰 의미를 갖게 되기는 어렵게 될 것으로 보인다.

특히 Apple TV, Google TV와 같은 스마트 TV들이 그 판도를 넓혀 나감에 따라, 어떤 방식의 전파 신호를 수신할 수 있는지 보다 어떤 방식의 데이터 포맷을 읽을 수 있는지가 더 중요해졌다. 또 이 데이터를 세계적으로 단일 표준화된 인터넷이나 USB 단자를 통해 읽어낼 수 있음에 따라 국가별·지역별로 다른 TV 방송 방식을 정한 것이 TV 수상기 제조업체(그리고 서비스 제공 업체)에게는 문제가 되지 않게 된 것이다. .

이에 따라 지금 국내에서 보고 있는 스마트 TV를 해외에 이사갈 때 가지고 가더라도 케이블 TV나 IPTV 업체, 심지어는 인터넷 회사와 계약하고 세탑 박스만 연결하면 그대로 활용할 수 있는 세상이 열리게 되었다.

이렇게 되면 앞으로는 TV 수상기가 비디오 모니터로만 기능하는 것이 아니냐는 전망이 나올 수도 있는데, 실제로 최근 컴퓨터 모니터에서도 TV 튜너를 내장하여 공중파 방송을 바로 시청할 수 있는 제품이 TV에 비하여 매우 저렴한 값으로 출시되고 있다.

또한 TV 수상기 생산 업체에서도 거의 모든 제품에서 컴퓨터 입력 단자를 추가로 설치하여 PC와 연결하여 쓸 수 있도록 하게 되었고, PC 생산 업체에서는 HDMI 단자를 컴퓨터에 내장하여 어떤 디스플레이 장치에도 연결할 수 있도록 하는 사례가 늘어나는 추세여서, 앞으로는 TV 수상기와 비디오 모니터 간의 경계가 더욱 불분명하게 될 것으로 예상된다.

이상의 변화에서 보면, 방송 방식 표준의 차이가 지역별로 TV 수상기가 다르게 만들어지도록 하였고, HDTV 방송 방식에서의 표준 제정이 TV 수상기 산업의 발전을 선도한 점은 맞으나, 이러한 발전이 어느 정도 성취되고 난 이후부터는 표준의 향방에 따라 TV 수상기가 다르게 개발되는 경향이 오히려 줄어들었다고 말할 수 있다.

MPEG와 같은 IT 분야 국제 표준의 개발이 디지털 방식의 HDTV를 활성화하는 데에 큰 기여를 한 것은 확실한 사실이다. 그러나 디지털 방식의 특성상 다양한 표준이 요구하는 알고리즘을 소프트웨어적으로 구현할 수 있다 보니, 단일 플랫폼에 여러 소프트웨어를 탑재하고 모든 방식의 영상

CPU	RealTek - RTD1073	
Storage	3.5" S-ATA 하드디스크방식 최대 2TB지원가능	
파일시스템	FAT32 와 NTFS 형식의 파일시스템	
비디오 (Video)	포맷 (Format)	RM/RMVB, MKV, MOV(H.264), MP4, RMP4, VOB, AVI, ASF, WMV, FLV
		IFO, DVD-ISO, BD-ISO, MINI BD, BD-9, Bd25, RIBO, D5, D9, DVD, CD
		MPEG1/2 PS (M2P, MPG)
		MPEG1/2/4 Elementary (M1V, M2V, M4V)
		MPEG2 Transport Stream (TS, TP, TRP, M2T, M2TS, MTS)
	코덱 (Codec)	MPEG1, VCD1.0/2.0, SVCD
		HD MPEG2 MP/HL, ISO, IFO, VOB, TS
		HD MPEG4 SP/ASP, Xvid
		H.264 BP@L3, MP@L4.1, HP@L4.1
		WMV9, VC-1 AP@L3
		디빅스3/4/5, XVID SD/HD, RM/RMVB 8/9/10
오디오 (Audio)	포맷 (Format)	AAC, M4A, MPEG audio (MP1, MP2, MP3, MPA), WAV, OGG
		MPEG I Layer 1/2/3/(2-CH), MPEG II 1/2(Multi-Channel)
	포맷 (Format)	DTS HD Master Audio, LBR, Dolby Digital Plus, LPCM
		ADPCM, FLAC, AAC, WAV, OGG
사진 (Photo)	JPEG, BMP, PNG, GIF	
자막지원 (Subtitle)	.sub, .srt, .ssa, .smi idx+sub, PGS(embedded)	
연결포트	USB 2.0 Host - 2Port	
	USB 2.0 Target - 1Port	
	Wired LAN (10/100 Mbps)	
A/V 출력단자	HDMI 1.3, Composite, YPbPr, Optical, Coaxial SPDIF	
Cooling Fan	33mm Mute FAN at back	
제품 사이즈 및 중량	215 x 175 x 55 mm (LxHxW) / 1.1Kg (without HDD)	
구성품	FLAVO ULTIMATE11 본체 / 무선 리모컨 / 거치대	
	AC 전원 어댑터 / 3:3 AV 케이블 / USB 2.0데이터 케이블	
	한글메뉴얼 / 고정나사	

〈네트워크 플레이어가 지원하는 다양한 포맷 사례(제품명: Flavo Ultimate 11, 2011년)〉

콘텐츠를 재생할 수 있도록 하는 것이 가능해졌다. 이에 따라 다양한 영상 포맷 표준이 난립하더라도 TV가 이를 모두 감당할 수 있게 되었고, 특히 HD 분야에서 수많은 방식의 포맷 표준이 오히려 난립하게 되는 결과가 나오게 된 것이 아닌가 추측된다. 다음 표는 최신 인터넷 방식의 네트워크 플레이어에서 재생 가능한 다양한 포맷을 보여 주는 것인데, 2011년 현재 얼마나 많은 표준이 난립하고 있는지를 입증하고 있다.

결국 비디오 플레이어에서와 마찬가지로 TV 수상기 분야에서도 표준 발전이 오히려 표준화 활동, 특히 공적 표준화 활동에 대한 관심이 줄어들게 한 셈이다. 이러한 현상을 보면, 앞서 기술한 바와 같이 디지털 콘텐츠의 유통을 어떻게 제대로 지원할 수 있겠는가 하는 방향으로 표준화 활동의 방향이 정해질 것이라는 전망을 다시 하게 된다.

5. 표준 전쟁의 희생자

표준을 장악하는 것이 기업 성공의 한 방법으로 인식되는 한 표준 전쟁은 계속 벌어지고 있다. 그런데 과거에는 표준 전쟁의 패자가 기업만으로 한정되었지만, 이제는 그 패배로 인한 피해가 국가나 소비자에까지 파급되는 사회로 변모해 가고 있다.

(1) 기 업

기업이 표준 전쟁에서 패배하여 큰 피해를 본 사례는 쉽게 찾아볼 수 있다. 키보드 자판의 배열에 대한 이야기는 너무 유명

〈DVORAK 키보드 (WIKIMEDIA COMMONS)〉

하여 다른 책에서도 많이 다루고 있기에 여기에서는 생략하고 그림만을 소개하겠다.

우리나라에서도 과거의 타자기 시대에는 2벌식 및 3벌식 자판들이 서로 경합하여 큰 다툼을 벌인 적도 있었으나, PC가 일반화된 지금은 시장에 의해 거의 2벌식으로 통일되었다. 글자를 PC의 소프트웨어가 자동적으로 예쁘게 바꿔 주기 때문에 굳이 복잡한 자판(타자 속도가 빠르더라도)을 쓸 필요성이 없어진 것도 큰 역할을 했다.

표준 전쟁에서 가장 큰 패배를 맛본 기업은 일본 소니인 것 같다. 소니는 앞서 기술한 바와 같이 여러 분야에서 새로운 기술을 표준화하는 데 크게 기여하였지만 가장 큰 패배자이기도 하다.

베타막스, 미니디스크 등에서의 패배는 유명하지만, 디지털 방식 오디오 및 HDTV의 등장으로 하드웨어 제작에 확실한 우위를 갖고 있던 소니

가 하루아침에 한국의 가전 업체는 물론이고, 심지어는 중국의 중소기업들과도 같은 조건에서 경쟁하지 않으면 안 될 상황까지 왔다는 사실이 더 큰 패배라고 할 수 있다. 그런데 이러한 실정이 되도록 디지털 표준으로의 변화를 선도한 것도 소니 자신이었다는 것이 아이러니다.

이와 같은 사례를 컴퓨터의 오픈 아키텍처에서도 볼 수 있다. Apple II 퍼스널 컴퓨터는 1980년대 초반에는 대표적인 개방형 설계 구조였다. 필자도 1981년에 구입한 Apple II의 해적판 PC와 실험실의 기계를 서로 연결하는 내장 보드를 조립해서 여러 가지 실험을 해 볼 수 있었는데, 이는 Apple II의 회로도와 내장 운영 체제의 소스 코드가 사용 설명서에 완전히 공개되어 있었기에 가능한 것이었다.

이 덕분에 Apple II를 이용한 각종 소프트웨어나 하드웨어들이 미국 시장에서 우후죽순처럼 개발되어 판매되기 시작했다. 이와 똑같은 접근 방식을 IBM PC가 채택하고, 나중에 애플이 내놓은 매킨토시는 오히려 폐쇄형 구조를 채택하여 시장 판도의 균형이 IBM PC쪽으로 완전히 바뀌게 되었고, 이것이 Steve Jobs가 애플에서 잠시 해고되는 상황으로까지 연결되었다. 필자는 지금도 이때 IBM PC 또는 Microsoft 계열로 바뀐 시장 판도가 아직 유지되고 있다고 본다.

애플이 이후 아이패드, 아이맥, 아이팟, 아이폰 등을 출시하면서 새로운 시장을 창출한 것은 사실이지만, 매킨토시 출시 때 도입한 폐쇄형 아키텍처를 아직도 고수하는 것도 사실이며, 적어도 하드웨어 부분에서는 표준을 장악했다고 보기는 어려울 것 같다. 물론 애플이 IT 업계에서의 비즈니스 모델을 완전히 바꾸어 수익면에서는 엄청난 성장을 하고 있는 것은 사실이지만. 또 하나의 사례로 들 수 있는 것은 특정 기업에 대한 것이 아니라 산업에 대한 것이다. 앞에서 이미 TV 및 오디오 분야에서 아날로그 방식이 디지털로 변화함에 따라 일본 기업들이 일방적으로 우위를 누리던 시대가 끝나고, 우리나라 중국 업체들이 경쟁력을 갖게 될 수 있었다는 점은 설명한 바 있다.

현재 이와 비슷한 변화가 디지털 카메라에서도 일어나고 있다. 물론 디지털 카메라 때문에 미국의 코닥과 폴라로이드가 쇠퇴한 것은 잘 알려진 사실이지만, 이보다도 디지털 카메라 시장에서 2011년 현재 어떤 업체가 강자인지를 살펴보면 1990년대 초와는 다른 것을 알 수 있다.

일본 카메라 업체들은 1960년대 이후 급성장하여 독일 등의 유럽 업체들이 장악하고 있던 고급 카메라 시장까지도 니콘Nikon 등이 잠식하기에 이르렀다. 1960년대 월남전이 한창이던 시절에 많은 종군기자들이 애용하던 카메라는 대부분 독일제 라이카Leica였다. 또한 달에 착륙한 아폴로 우주인들이 우주복 가슴에 달고 있던 카메라가 스웨덴제 하셀브라드Hasselbrad였던 것을 보면, 그 당시까지만 해도 고급형 카메라 시장에서는 유럽제가 우위를 보였던 것 같은데, 1970년대 후반기부터는 웬만한 고급 기기 시장에서도 일본 니콘이나 캐논Canon이 시장을 잠식하기에 이르렀다.

고급 기종을 니콘 등이 장악해 가는 사이에 일반용 카메라 기종에서는 일본의 여러 업체들이 치열한 경쟁을 펼치고 있었는데, 올림푸스, 아사히 펜탁스, 미놀타, 코니카, 야시카 등 실로 이름을 다 외우기 어려울 정도로 많은 업체들이 경쟁하고 있었기 때문에, 다른 나라들은 카메라 시장이 발을 들여 놓는 것조차 어려웠던 것이 현실이었다.

그러나 이러한 상황도 잠시, 디지털 기술의 도입으로 카메라 시장도 예외 없이 완전히 변화하게 되는데, 이 과정에서 우리나라도 디지털 카메라 시장에서 어느 정도의 입지를 확보하게 되었다. 전혀 무너지지 않을 것처럼 보이던 일본 업계들의 아성이 무너지는 과정에서 코니카는 미놀타와

2003년 합병하였으나, 2006년에는 카메라 사업부를 소니에 매각하더니 결국 이 산업에서 완전히 철수하게 되었고, 야시카 카메라는 2005년에 아예 사업을 접었다.

고급형 디지털 카메라라고 할 수 있는 DSLR 시장에서는 캐논이 니콘을 앞질러 사진 기자들에게 가장 사랑받는 카메라가 되었고, 일반 카메라 시장에서는 카메라 업체라고는 전혀 생각되지 않던 파나소닉과 소니가 막강한 주자로 등장하게 되었다. 이 두 회사들은 미러리스mirrorless라고 하는 전혀 새로운 방식의 카메라를 가지고 고급 기종과의 경쟁을 시작하려는 중이어서, 앞으로 어떤 카메라 업체가 최종적으로 승리하게 될지도 관심의 대상이 되고 있다.

거기에 더해 2011년 10월 말에 캐논은 자사의 디지털 카메라를 영화 전용 카메라로 개발하여 출시하였다. 이는 앞서 기술한 DSLR 등 고급 디지털 카메라로 영화를 찍을 수 있게 한 것과는 달리, 아예 디지털 카메라에 장착할 수 있는 영화 전용 렌즈 군을 같이 출시하여 기존 영화용 카메라 시장에 정식으로 진출하겠다는 의사를 표명한 것으로 보인다. 사실 영화 산업도 디지털화가 진행됨에 따라 카메라 분야에서도 Arriflex, Panaflex 등 기존의 명품 영화 카메라 회사들 외에 신규 업체로서 소니 또는 Red-One 등이 큰 성과를 내고 있었는데, 여기에 캐논도 가세한 셈이다.

영화 촬영에 디지털 카메라가 사용됨에 따라 제작자로서도 여러 가지 이익을 얻는 측면도 있고, 기술적 측면에서는 이전의 필름 방식 영화에서는 표현하기 어렵던 어두운 장면에서의 묘사를 좀 더 확실하게 표현할 수 있게 되어 좋은 점도 있다.

디지털 시네마를 잘 활용한 Michael Mann 감독의 영화 『Miami Vice』(2006)을 보면 마이애미의 야경(특히 어두운 하늘을 배경으로 하는 부분)

이 너무도 선명하게 나오는 것을 확인할 수 있는데, 이것은 모두 디지털 카메라 덕분이다. 또『Collateral』(2004)에서 한밤중 LA 시내에 코요테가 지나가는 장면을 인공 조명 없이 자연스러운 느낌을 갖도록 찍은 것도 디지털 카메라 덕분에 가능한 것이었다고 한다.

이와 같이 디지털 카메라의 출현으로 표준이 변화함에 따라 기존 카메라 업체 간에 흥망이 갈린 것은 물론이고, 그 영역 파괴가 일어남에 따라 가전 업체들이 카메라 업계로 새롭게 진출하는 계기도 마련되었다. 새로운 표준으로 인한 새로운 게임의 법칙에 잘 적응한 기업은 성공한 반면, 그렇지 않은 기업은 반드시 도태한다는 것이 이처럼 잘 보이는 분야도 드물다.

(2) 국가

한 국가가 표준으로 인해 피해를 볼 수 있는 경우는 크게 두 가지로 나눌 수 있다. 첫 번째는 그 나라의 경제에서 너무 큰 비중을 갖는 제품이 표준 전쟁에서 패배하여 그 파급 효과가 국가에까지 끼치는 경우가 되겠고, 두 번째는 표준의 선택을 국가가 잘못할 때이다.

첫 번째 사례로는 핀란드를 들 수 있다. 즉 노키아라고 하는 통신기기 업체에 국가 경제가 지나치게 물려 있었던 경우, 아이폰으로 촉발된 스마트폰으로의 표준 변화를 제때 대응하지 못한 노키아의 피해를 국가도 같이 입을 수밖에 없는 상황이었다.

두 번째 사례로는 일본을 들 수 있다. 최근 '갈라파고스 신드롬'이라는 용어까지 등장할 정도로 일본이 독특한, 자국에서만 통용되는 표준을 채택하여 자국 기업들이 경쟁력을 잃게 한 사례는 이미 널리 알려진 사실이다.

또 초고속 인터넷망에서도 일본이 1994년 무렵에 ISDN(속도: 64kbps)을 채택했다가, 이를 포기하는데 주저함으로써 1998년 무렵에 신기술인

ADSL(속도: 최소 1Mbps)을 채택한 한국이 IT 강국으로 부상하는 것을 지켜보기만 해야 했던 것은 이제 너무 옛날이야기일까. 1995년 초에 일본에서는 이미 공중전화에 ISDN 포트가 달려 있어 노트북으로 데이터 통신을 할 수 있었다. 그러나 이때부터 불과 2~3년 뒤 우리나라에서 ADSL 방식의 초고속 인터넷이 보급되면서 IT 환경에서 일본을 한 번에 앞지른 기억은 아직도 생생하다. 물론 공중전화에 노트북 PC를 연결해 데이터 통신을 하겠다는 발상도 지금은 우스운 일이 되어버렸다.

그렇다면 우리나라에는 이러한 실패 사례가 없었을까. 인터넷 전화인 '다이얼패드'를 1990년대 말에 이미 상용화하고도 세계 시장을 장악하지 못한 것이라든지, 소셜 네트워킹의 원조 격인 '아이러브스쿨', '프리챌', '사이월드' 등이 페이스북이나 트위터에 패배한 것이라든지 하는 것은 민간 섹터가 국제적 마케팅 경쟁에서 밀려 어쩔 수 없었다고 하자.

그러나 정부가 개발한 연구 개발 사업의 작은 성과를 보급하려고 힘으로 밀어붙이는 과정에서 우리 기업과 국민이 겪은 피해는 어떻게 설명해야 할 것인지. 예를 들어 특정 공인 인증서의 강제 사용이라든지, ActiveX에 대한 지나친 의존, WIPI 모듈의 강제 장착이라든지 하는 것들은 우리나라의 소프트웨어 경쟁력을 강화시키기 보다는, 오히려 발전의 발목을 잡았다는 평을 듣는 것이 사실이다.

그 반대로 세계적 성장이 가능한 기술을 오히려 국내 시장에서는 채택해 주지 않거나 공정 환경을 만들어 주지 않는 경우도 있다. 예를 들면 와이브로 기술을 음성 통화에는 이용하기 어렵게 한다든지, 인터넷 전화의 요금에서 경쟁적 요소를 배제시킨다든지, 개방형 인터넷망을 채택하지 못한다든지 하는 것들은 차세대 국제 표준에 우리 기술을 계속적으로 반영하고 확산하는 데 별로 도움이 되지 않는 것으로 생각된다.

(3) 소비자

앞서의 비디오 테이프 부분에서 언급한 바도 있지만, 가정용 비디오 표준의 변화는 소비자에게 실제로 큰 어려움을 주고 있다. 우리나라의 50~60대 중 많은 사람들이 자신의 결혼식을 비디오로 찍어 VHS 테이프로 보관하고 있을 것이다. 그러나 최근 들어 이러한 비디오를 가정에서 다시 보기는 점점 어렵게 되고 있다. 실제로 2011년 가을에 인터넷 쇼핑을 검색해 본 결과 VCR을 판매하는 곳을 찾기는 매우 어려웠다. 따라서 집에서 아직 사용 중인 VCR이 고장이 날 경우 보관 중인 테이프를 시청하기 위해 새로 기계를 구입하는 것은 불가능하게 될 것으로 예상된다.

그리고 VCR보다 나중에 나온 8mm 캠코더로 찍은 테이프도 보기 어렵게 된 것은 마찬가지이다. 8mm 캠코더도 2011년 가을 현재 인터넷 쇼핑에서는 중고품만 판매되고 있었다. 그럼 6mm의 미래는 어떨까. 6mm 캠코더도 일반 가정용 제품은 중고품만 거래되고 단지 고급 방송용 장비에서만 고가품이 판매되고 있었는데, 이것마저도 2010년도 이후에 생산된 제품은 찾을 수 없었다. 따라서 6mm로 찍어 놓은 가족 영화들의 미래도 조만간 VHS나 8mm의 뒤를 따를 것으로 예상된다.

이것은 음악 분야에서도 마찬가지인데, 카세트테이프에 많은 추억을 저장해 놓은 사람들은 아직까지는 큰 문제는 없으나, 머지않은 장래에 사라질 것으로 예상된다. 새로 출시되는 자동차에 카세트테이프 플레이어가 내장되지 않는 경우가 점점 늘어나는 것만 보더라도 그 종말이 멀지 않았다는 생각을 하게 된다.

그럼 CD는 어떠한가. 다행히도 CD는 DVD나 블루레이에서 'reverse compatible' 정책을 채택해 준 덕분에, CD 플레이어가 없더라도 아직은 DVD나 블루레이 플레이어로 음악을 들을 수가 있다. 1990년대만 하더라도 하이파이 애호가들이 찾을만한 컴포넌트 형식의 중저가 CD 플레이어를 찾는 것이 어렵지 않았는데, 요즘에는 하이파이용 CD 플레이어들은 매니아용 고급 제품들이 주로 생산되어 가격이 많이 비싸진 것은 감수해야 될 부분이다.

그리고 DVD 플레이어로 음악을 들으려면, CD 플레이어에 기본적으로 내장되었던 음악을 위한 기능(예를 들어 셔플 플레이 기능, 트랙번호 직접 입력 버튼, 반복 청취 버튼 등)들이 DVD 플레이어에는 없는 경우가 대부분이라 불편함을 감수해야 하는 점도 있다. 그래도 가정에 소장한 많은 CD를 계속 감상할 수 있게 해준 것에는 감사해야 하겠지만.

이와 같이 표준의 발전 또는 진화가 이제는 일반 소비자에게도 피해를 입히게 된 셈이다. 이는 소비자가 표준을 잘못 선택해서 입게 된 피해는 아니다. 예를 들어 소니의 미니디스크MD를 선택했더라면 더 큰 어려움을 겪었겠지만, 앞에 기술한 VHS, 8mm, 카세트테이프, CD 등은 당시에는 세계적으로 통일된 표준이라 해도 틀린 말이 아니었고, 이 제품들을 사는 것이야말로 스마트 구매였다. 그럼에도 불구하고 20년도 채 지나지 않아 못쓰게 되는 것을 보면 나름대로 스마트 쇼핑을 했던 일반 소비자도 표준 변화 또는 표준 전쟁의 희생자가 된 셈이다.

그런데 지금도 이러한 고민을 해야 하는 것이 더 문제다. 몇 백 만원을 호가하는 고가의 3D TV는 과연 어떤 방식으로 된 물건을 사야 할까.

글로벌
표준화
정책의
길

PART V

1. 표준 전쟁의 현장 르포
2. 표준을 통해 만난 인연
3. 표준 전사戰士를 향하여

글로벌 표준화 정책의 길

1. 표준 전쟁의 현장 르포

(1) ISO 및 IEC 회의

우리나라는 표준화와 관련한 양대 국제기구인 ISO와 IEC에 모두 1963년에 가입하였다. ISO 총회에는 1964년 인도 뉴델리에서 열린 총회에서부터 매년 계속하여 참석하여 왔다. 그러나 1990년대 중반까지만 하더라도 국제 표준화에 대한 우리나라의 참여도는 그다지 높은 편이 아니었다.

우리가 ISO와 IEC에 매년 납부하던 분담금은 경제 규모에 따라 결정되기 때문에 이미 세계 16위 규모로 성장하였으나, 우리의 국제 표준화 활동 참여도는 ISO 사무국이 지표로 나타낸 바에 의하면 36위권이었다.

거기에 더해 국제 표준화 활동에서는 10년 이상 지속적으로 참가해 오는 회원들이 일종의 가족 같은 관계를 구축하고, 이들 사이에만 주요 과제를 논의해 버리는 관행도 우리의 참여 활동을 어렵게 했다. 우리나라처럼 2년 내외의 주기로 인사가 이루어지는 공무원 조직으로 표준화 활동을 수행하는 국가는, 주요 국가들의 장기 참석자들로 구성된 '표준 패밀리'에 합류하기가 무척 어렵기 때문이다.

따라서 ISO 총회에 가더라도 우리 대표단에 대해 외국 대표들이 먼저 아는 척을 한다든지, 협의를 제안해 오는 경우는 ISO 이사회에 대한 선거 운동을 제외하고는 매우 적었다.

이러한 부분에서 도움이 된 사람이 필자가 기술위원회에의 참가를 통해 안면을 쌓은 Edward Kelly였다. Kelly는 TC184/SC5(산업 자동화)의 의장을 맡고 있었는데, 마침 1996년 런던 ISO 총회 개최 직전에 스위스 제네바에서 열린 OHSMSOccupational Health and Safety Management System의 국제 워크숍에 미국 측 대표 단장으로 참석하고 있었다.

OHSMS 국제 워크숍은 산업 안전 보건 체제를 제3자 심사가 가능한 국제 표준으로 새로 제정하여 ISO 9001이나 ISO 14001(1996년 9월 말 최초 출판)과 같이 인증 사업을 벌이도록 해 보자는 생각을 유럽계 인증기관들이 강하게 주장하고 있어, 실제로 ISO가 이러한 표준을 제정할 필요성이 있는지를 일종의 국제 공청회를 통해 알아보자는 취지에서 ISO 중앙 사무국이 주최한 것이었는데, 국제적으로도 국가별 의견이 매우 크게 갈려 있었을 뿐만 아니라 우리나라에서도 기업, 노동계 및 인증기관 간에 너무 다른 의견을 내고 있는 상황이었다.

당시 우리 대표단은 Kelly와 구면이었기에 워크숍 도중의 '커피 브레이크' 등의 휴식 시간을 통해 미국 대표단의 의견을 물어보는 것은 물론이고, OHSMS에 대한 국가별 입장에 대해 말 그대로 '개인 교습'을 받는 기회를 가질 수 있었다.

나중에 알게 된 사실이지만 Kelly는 미국 내 표준화 커뮤니티 안에서도 가장 활발한 활동을 벌이고 있는 노장 전문가 중 한 사람이었는데, 이 사람을 통해 국제 표준화 활동의 유명 전문가들도 직접 소개받고 친분을 쌓는 데 도움을 받게 되었다. 이때 축적한 지식과 친분이 당시 워크숍에서의 대응에 도움이 되었을 뿐만 아니라, 이후에도 국제 표준화의 전체적 그림을 파악하고 다른 전문가들과 같이 활동하게 되는 데에도 큰 역할을 하였다.

이후 우리 대표단이 다른 나라의 표준화 활동 대표들과 더 많은 교류를 하게 된 계기는 태평양지역표준회의인 PASC_{Pacific Area Standards Congress}의 연례 총회에 지속적으로 참석함으로써 얻어졌다. PASC 총회는 ISO 총회에서보다 네트워킹의 기회를 더 많이 제공하는데, 이러한 만남을 통해 국제 표준화 활동에서의 대선배인 외국 대표들로부터 최신 정보를 배우는 한편 향후 이들과 같이 일할 수 있는 기반을 닦아 나갔다.

그러면서 우리 대표단들은 점진적으로 국제 표준 패밀리 멤버들로부터 어느 정도의 인정을 받게 되었는데, 이것이 실제로 유용하게 사용된 첫 번째 기회가 1998년에 APEC의 표준인증소위원회_{SCSC, Sub Committe on Standards and Conformance}에서 주어졌다.

1997년 중반에 우리나라 통상산업부 장관이 APEC에 참석하여 적합성 평가 센터를 한국에 구축하겠다는 제안을 발표한 적이 있었는데, 이에 대해 APEC 내 관련 소위원회인 SCSC에서 호주 등 주요 국가들이 별로 탐탁해 하지 않았다. 이런 상황에서 우리 측 후속 조치가 별로 적극적이지 않았던 관계로 1998년 초에 열렸던 SCSC의 1차 회의에서 당시 의장을 맡고 있던 말레이시아의 표준국장이 우리 대표에게 전년도의 제안을 아예 철회하라고 말하는 상황까지 전개되었다.

이에 대응하기 위해 통상산업부에서는 태스크 포스팀(TFT)을 특별히 구성하여 이를 통해 우리 측 제안을 다른 나라들이 반대하기 쉽지 않도록 사이버 공간상에 APEC 역내域內 적합성 평가 기관 정보를 데이터 베이스로 구축하는 내용으로 조정하여 APEC의 SCSC 사무국에 다시 제출하기는 하였다.

그렇지만 그 해 6월에 말레이시아 쿠칭에서 열릴 SCSC의 2차 회의에서 다른 회원국들이 이를 어떻게 평가할지는 미지수였다. 결국 우리나라의 SCSC 참가 대표단은 일단 현지에 회의보다 하루 먼저 도착하여 미국·싱가포르·일본 등의 대표들을 사전 면담하고 우리 측 제안을 설명하는 한편 본 회의에서의 지원을 당부하는 한편, 회의 당일에는 우리 측 제안을 미리 준비해 간 파워포인트 프레젠테이션으로 발표하고 회원국들의 동의를 요청하였다.

그러나 예상했던 대로 SCSC 의장인 말레이시아의 표준국장은 우리 측 제안이 해를 넘기면서도 큰 진전이 없다는 이유 등을 들어 부정적인 발언을 하였다. 이때 싱가포르 대표가 우리 측 수정 제안이 나름대로 가치가 있는 것으로 보인다는 발언을 하였으며, 그 다음에 발언권을 얻은 미국 대표는 우리 측 제안이 유용한 것으로 보이는 바 APEC 사업 예산 지원이 문제가 된다면 미국이 당시 진행 중인 사업에 끼워 넣을 수도 있겠다는 의견을 제시함에 따라 회의장 분위기가 반전되었다.

이후 중국·호주·뉴질랜드 측도 지원 발언을 함에 따라 우리 측 수정 제안이 채택되기에 이르렀다. 이러한 우여곡절 끝에 얻어 낸 그 제안은 우리나라의 한국표준과학연구원이 수행 기관으로 지정되어 2000년대 초반까지 약 5년간 진행되었다.

이는 우리나라가 APEC의 SCSC에서 최초로 수임한 사업이라는 점과, 역내 적합성 평가 기관들에 대한 세부 정보를 모두 취합할 수 있는 기회를 가질 수 있었다는 점에서 매우 큰 의의가 있었다는 평가를 받고 있다.

그런데 이러한 결과가 가능하게 했던 배경에는 싱가포르·미국 등의 대표와 이전에 열린 국제 표준화 회의에서 친분이 큰 역할을 하였다. 싱가포르 대표(Ms. Cecila Ku, 싱가포르 표준청 소속)와 미국 대표[Ms. Suzanne Troje(USTR) 및 Christine DeVaux(NIST)]와는 이전에 열렸던 국제 표준화 회의에서 몇 번 만났던 관계로 수정 제안을 사전에 설명하기가 쉬웠을 뿐만 아니라, 우리 측의 진정성을 이해시키기는 데에도 큰 어려움이 없었던 것으로 생각된다. 이러한 성공의 경험이 이후의 다양한 국제회의에 지속적으로 참석할 수 있도록 기술표준원이 지원해 준 것과 결합되어, 2000년대 초부터는 국제회의에 참석한 다른 나라들의 대표들과 어느 정도 진솔한 사전 협의도 할 수 있을 정도가 되었다.

또 2001년 4월에 서울에서 PASC 총회를 개최한 이후에는 국제 표준화 '패밀리'의 모임에 참여할 수 있을 정도가 되었다. 이때부터는 국제회의나 양자 회의가 열리면 회의일이나 이튿날 저녁에 시간을 내어 '패밀리 만찬'을 가졌으며, 배우자의 동반에 자유스러운 서양인들은 이 자리에 부인이나 남편들까지 함께 나와 저자와 인사를 나누기도 했다. 이러한 네트워킹은 필자가 2002년부터 2003년까지 ISO 이사회에서 설치한 개발도상국 특별작업반DCTF, Developing Countries Task Force의 의장으로 선출되어 활동하는 데에도 큰 도움이 되었다고 생각한다.

그러나 2000년 무렵부터 우리나라가 국제 표준화 사회에서의 위상이 올라간 진정한 원인은 1990년대 말부터 우리나라 전문가들의 국제 표준화 활동에의 참여가 급속히 활성화된 것에서 찾아야 할 것이다. 우리나라의 ISO나 IEC에 대한 참여 활동이 이전처럼 미약했다면, 국제표준 '패밀리'가 우리나라에 관심을 보였을 이유가 없기 때문이다.

〈ISO 이사회 DCTF 회의 참가 대표(2003년 1월, 제네바 ISO 중앙사무국)〉

실제로 우리나라가 국제 표준화 활동에 참여하여 어느 정도의 성장을 하였는지는, 국제회의 참가자 수를 보여 주는 다음 그림을 보면 알 수 있다.

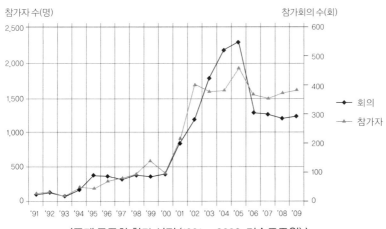

〈국제 표준화 참가 실적(1991 ～ 2009, 기술표준원)〉

여기에서 알 수 있듯이 우리나라 전문가들의 국제 표준화 회의에의 참가는 1990년대 말에 갑자기 증가하였다. 여기에는 몇 가지 이유가 있는 것으로 보이는데, ① 우리 산업이 OEM 방식의 생산에서 직접 설계를 하여 제품을 생산하는 방식으로 진화하여 표준이 중요하게 된 점, ② IT 분야에서 표준화의 중요성을 인식한 대기업들이 주변 연구 인력들과 함께 국제 표준화 회의에 열심히 참가하게 된 점, ③ 마침 1990년대 말부터 국제 표준화 회의의 참가 및 관련 기술위원회 보직 수임에 대한 정부 예산 지원 사업이 시작된 점 등이 결합되어 있는 것으로 보인다.

국제 표준화 활동에서는 전문가들이 열심히 참가하는 것도 중요하지만, 지속적으로 참가하였던 것이 더 중요한 역할을 한다. ISO, IEC 등 국제 표준화 활동을 주도하려면, 우선 지속적 참여를 통해 그 조직에서의 신뢰를 얻고 나서 적극적으로 기여contribution 활동을 전개하는 것이 바람직하다.

아무리 좋은 기술과 아이디어가 있다 하더라도 처음부터 자기 주장을 펴는 것은 바람직하지 않다. 표준화라는 것은 많은 참여 멤버들과의 협의에 의해 추진되는 것이기 때문에 다른 멤버들의 호응과 신뢰를 이끌어 내는 것이 중요하며, 이를 위해서는 기술 외에 다른 능력도 필요한 것으로 보인다.

이에 대해서는 '표준 전사를 향하여' 편에서 보다 자세히 다루기로 한다. 또한 국제 표준화 인물 중 1990년대 말과 2000년대 초에 특히 중요한 역할을 한 인물들에 대해서도 별도로 다루려고 한다.

(2) 2004년 IEC 서울 총회

우리나라에서 열린 국제 표준 기구의 주요 총회는, 1998년에 서울프라자 호텔에서 열린 법정 계량 분야에서의 국제기구인 CIML 회의와 같은 분

야의 아시아·태평양지역회의인
APLMF 회의가 있다. 또 2001년에
역시 프라자 호텔에서 열린 태평양
지역표준회의PASC의 24차 총회가
있다.

〈1998년의 CIML 서울 회의〉

그러나 규모면에서나 영향력에
있어서나 가장 큰 규모의 회의는 2004년에 서울 롯데호텔에서 개최한 IEC
총회이다. IEC는 ISO와는 달리 상당수의 기술위원회 회의들도 총회 기간
에 같이 개최하기 때문에, 회의 기간도 길고 회의 참석자도 상당히 많다는
특징을 지녔다. ISO의 회원국 수가 훨씬 많음에도 불구하고 총회 총 참석
자 수는 300여 명 정도인데, IEC 총회에는 총 참석자 수가 1,000명이 가볍
게 넘어가고, 회의 기간도 2주일을 꼬박 채워야 한다.

이러한 이유로 인해 IEC 총회보다는 ISO 총회를 유치하는 것이 더 편한
면이 있는데, 2002년 여름에 IEC 사무총장이 기술표준원에 보내 온 편지
가 이러한 상황을 모두 바꾸게 하였다.

2002년 8월, IEC 사무총장인 Aaron Amit는 기술표준원으로 편지를 보
내, 혹시 한국이 2004년도 IEC 총회를 유치해 줄 수 있는지를 문의하였다.
원래 ISO나 IEC 총회들은 수 년 전에 회원국 간의 조율을 거쳐 개최 장소
를 정하고, 이에 따라 개최국들이 준비를 진행하고 있었다. 그런데 2004
년도에 총회를 개최하기로 되어 있던 헝가리가 어쩔 수 없는 사정으로 유
치를 반납하게 되어, 우리나라가 유치할 수 있는지를 매우 정중하게 문의
하는 내용이었다.

여기에서 우리나라의 근성이 나타나게 되는데, 준비 기간이 매우 짧은
점은 있었으나 우리가 정상적인 방법으로 IEC 총회를 유치하려면 한참을

기다려야 한다는 점, 우리의 예산 편성 절차상 그 다음 해인 2003년도에 소요 경비를 미리 잡을 수 있다는 현실을 감안하여 유치 요청에 응하기로 내부적으로 결정을 내리고 이를 바로 IEC측에 통보하여 주었고, IEC는 2002년 11월 1일 북경에서 열린 총회에서 한국이 2004년도 총회를 유치한 다고 결의하였다.

IEC 총회를 유치한다는 결정을 내리고 나니 준비해야 할 부분이 남았는데, 지금 생각해도 정말 어려운 일이었다. 내부적으로는 어떤 행사들을 준비해야 우리가 얻을 것이 있겠는지를 생각해야 했으며, 우리 기업들이 적극적으로 참여하게 하기 위해서는 어떤 조치를 해야 할지도 생각해야 했다.

이를 위해 참고했던 것은 2002년과 2003년에 총회를 개최한 중국과 캐나다의 사례였다. 특히 중국은 당시 국가 주석이던 장쩌민이 IEC 회장단을 면담하는 등 국가적으로 큰 관심을 보였다는 점이 참고할 만했다. 또한 2003년에 IEC 총회를 개최한 몬트리올에는 총회에 참가하는 대표단 외에도, 총회의 사전 조사를 담당할 직원들을 추가적으로 파견하여 IEC 중앙사무국과 현장 협의를 할 수 있도록 했다.

또 한편으로는 캐나다 측으로부터 업무 경험을 전수받을 수 있도록 하였으며, 모든 장비 및 좌석 배치 등까지 촬영한 사진들을 담은 조사 보고서를 별도로 작성하여 2004년도 준비 작업반이 참고할 수 있도록 총회 준비에 만반을 기하고 있었다.

외부적으로는 IEC 중앙사무국의 총회 준비 담당관(당시에는 Mrs. Arlette-Josiane Skinner)과 직접 협상을 해야 했는데, 중앙사무국 측은 자신들이 총회 개최를 위한 여러 조건들을 정리해 놓은 매뉴얼을 갖고 우리와 협의를 한 후, 구체적 사항들을 추가하여 기술표준원장과 IEC 사무총

〈2002년 북경 IEC 총회의 장쩌민 중국 주석과 IEC 회장단의 기념 촬영.
장쩌민 주석(첫째 줄 중앙), 그 왼쪽이 IEC 회장이던 Takaynagi,
그 왼쪽은 철낭자(鐵娘子)로 유명한 우이(吳儀) 국무위원(당시)(IEC)〉

장 간에 총회 개최 준비에 대한 계약서를 체결할 것을 요구하였다. 사실
이러한 준비 매뉴얼은 조선 시대의 의궤(儀軌)처럼 만들어져 있어 우리에게
도 큰 도움이 되었으며, 역시 표준화 기관은 절차에 대해서까지도 표준을
만들어 활용한다는 것을 깨닫는 계기도 되었다.

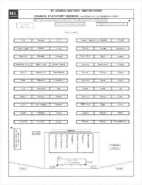

〈IEC 중앙사무국이 준비한 서울 총회 준비 가이드라인(총 97쪽) 표지 및 총회장 배치도〉

〈IEC 사무총장과 기술표준원장과의
총회 유치 계약서 서식〉

〈Ms. Arlette-Josiane Skinner〉

　그러나 이러한 생각은 행사를 모두 치룬 뒤에야 해 볼 수 있는 것이고, 당시에는 매우 힘들다는 생각밖에는 할 수 없었다. 특히 Skinner와의 협의는 정말 쉽지 않았는데, 오죽하면 IEC 사무총장도 필자에게 Skinner가 너무 심하게 대하더라도 이해해 주기 바란다고 특별히 부탁을 할 정도였다.

　드디어 2004년 가을이 되어 행사를 치르게 되었다. 결과적으로 IEC 서울 총회는 IEC 역사에서 가장 성공적으로 개최된 총회였다고 평가되고 있으며, 아직까지도 IEC 사무총장과 중앙사무국에서 우리 기술표준원을 고맙게 생각하고 있다. 이때 열린 회의는 최고 의결 조직인 총회council 및 Open Session, 이사회, 표준화관리이사회 등 4개 정책 운영 회의, 25개 기술위원회(TC/SC) 및 52개 작업반의 표준 제정 회의, 대표 단장 포럼, TC/SC 간사 포럼 등 4개 관련 포럼과 EMC(전자파 적합성) 워크숍 등이었으며, 전체 회의에 약 1,500명이 참석하였다.

　IEC 총회에 대한 국가적 관심을 보여 주기 위해 IEC 회장단이 청와대를 예방하여 노무현 대통령을 면담하는 행사도 마련하였고, 공식 만찬은 경제 4단체의 도움을 얻어 경복궁 경회루 앞에서 성대하게 이루어졌으며, 우리 기업인들의 참여를 이끌어 내기 위해서 당시 우리 기업들이 가장 관심이 많던 분야에서 'The Role

〈2004 IEC 서울 총회 로고〉

of International Standards in Facilitating Compatibility and Interoperability of Multimedia Equipment'라는 제목으로 삼성, 소니, 샤프, 필립스 및 CENELEC (유럽의 전기전자 지역 표준화 기구)의 전문가를 모시고 토론회를 개최하기도 하였다.

당시만 해도 우리나라의 전자 업계가 세계적 기업들과 대등하게 국제 표준화의 방향을 논의하기는 어려웠던 것이 현실이었는데, IEC 총회를 우리나라에서 개최한 덕분에 삼성전자 부사장이 기조 연설을 할 수 있는 기회도 얻을 수 있었다. 물론 지금은 우리 기업에 대한 시각이 완전히 달라졌지만.

필자의 개인적인 생각이지만, 이 지면을 빌어 당시 IEC

〈노무현 대통령이 청와대를 예방한 Seichi Takayanagi 회장 등 IEC 회장단을 면담하고 있다 (국가기록원)〉

총회 유치 및 진행에 함께 노력한 모든 분들에게 감사의 뜻을 전하고 싶다. 총회 담당자들은 당시 행사장인 롯데호텔에서 2주일간 숙식을 같이하면서 우리나라가 최초로 유치한 국제 표준화 기구의 총회를 멋지게 개최해 보려고 혼신의 힘을 다했고, 많은 참가국 및 IEC 중앙사무국으로부터 감사의 편지를 받는 등 훌륭한 결과를 얻었다.

앞으로 2015년에는 ISO 총회가 우리나라에서 개최될 예정이고, IEC 총회도 2021년 이전에 다시 유치하기로 되어 있다. 부디 2004년의 경험이 앞으로의 행사에서도 잘 활용되기를 기대한다.

〈2004년 IEC 총회 Open Session 회의록의 표지 및 목차〉

(3) MRA / FTA 협상

이제는 우리나라가 FTA의 '허브 국가'로 불릴 수 있을 정도로 FTA 체결을 열심히 추진하여 왔다. 그런데 FTA가 체결되어 교역 상대국 간에 상품에 대한 관세율이 상당히 낮아지게 되면, 그때까지는 잘 보이지 않던 비관세 장벽들이 드러나게 된다. 비관세 장벽에는 쿼터quota, 보조금 등이 있으나, 공산품 분야에서 가장 중요한 비관세 장벽으로는 서로 다른 표준이나 시험 검사 절차 등으로 인한 무역상 기술 장벽TBT: Technical Barriers to Trade이 있다.

따라서 대부분의 FTA 협정문에는 이에 대한 별도의 장(Chapter 또는 Article)을 설치하여 양국이 무역상 기술 장벽을 낮출 수 있도록 하는 장치를 마련하고 있으며, 협상 시에도 독립 분과에서 이를 다루도록 하고 있다. 무역상 기술 장벽의 개요에 대해서는 이 책의 부록에서 별도로 다루었다.

무역상 기술 장벽으로부터 오는 부담을 해소하기 위한 제도적 장치로는 WTO 설립 협정 중 하나인 TBT 협정이 있다. 이 협정에서는 회원국에게 국제 표준 사용의 의무, 표준 및 시험 인증 제도에 대한 투명성 의무 등을 부과하고 있는데, 특히 투명성과 관련해서는 기술 규제를 도입하기 전에 이 사실을 WTO를 통해 다른 회원국들에게 알려야 하는 의무와 외국 정부가 이에 대한 의견을 개진할 수 있는 권한 및 외국 이해 당사자로부터의 정보 요청에 적극적으로 대응해야 할 의무 등이 규정되어 있다.

FTA에서 TBT를 다룰 때에는 FTA를 체결하였다고 하더라도 상대측의 기존 기술 규제를 개정하도록 하는 것이 현실적으로는 어렵다. 따라서 앞으로 새로 만들 기술 규제에 대비해서 WTO의 TBT 협정보다 강한 내용의 투명성 의무를 도입하도록 하는 것이 대부분이다.

이러한 의무들은 대부분 정보 제공 의무의 강화, TBT 공동 위원회의 설치 및 운영, 상대측 국민도 내국민과 마찬가지로 기술 규제 입법안에 대해 의견을 개진할 수 있는 권한을 갖도록 하는 조항 등으로 나타나게 된다.

경우에 따라서는 기술 규제에 필요한 기술 기준을 제정하는 위원회에 상대국 국민들이 위원으로 참여할 수 있는 것을 보장하는 조항들이 삽입되기도 한다. 우리나라가 체결한 FTA 중 많은 경우에 이러한 내용의 TBT 조항이 설치되어 있으며, 한국-칠레 FTA에서부터 한국-EFTA, 한국-미국, 한국-EU 등의 체결이 그러한 사례이다.

그러나 이러한 조항들은 TBT가 발생하지 않도록 하는 예방적 조치로서
는 의미가 있으나, 기존 기술 규제로 인해 양국의 기업인들이 겪는 부담을
줄이는 능력은 갖고 있지 못하다. 이러한 능력을 부여하기 위해 활용할 수
있는 수단으로 국가 간 상호 인정 협정MRA: Mutual Recognition Agreement이 있다.

기술 규정의 차이로 인한 애로를 해소하려면 교역 상대국 간에 표준이
나 시험 검사 절차들을 일치화하는 것이 가장 바람직하겠으나, 이것은 단
일 시장을 이룬 EU 같은 곳에서는 가능하겠지만 현실적으로는 쉽지 않은
일이다. 서로 다른 제도를 운영하고 있으면서도 상대측의 시험 인증 결과
를 우리 측에서 수행한 것과 같은 수준인 것으로 인정할 수 있다면, 상호
간에 시험 결과를 수용하도록 서로 약속하는 것이 상호 인정 협정이다.

상호 인정 협정은 독립적인 국가 간 협정으로 체결할 수도 있으나 (미국
-EU, 일본-EU 간 MRA가 대표적이다), FTA에 포함시켜 협상을 한 후 함
께 체결하는 경우도 있다(예를 들면 중국-뉴질랜드, 인도-싱가포르 간
MRA).

우리나라가 칠레와 처음으로 FTA 협상을 하기 시작했을 때만 하더라
도, 우리나라는 독립적인 국가 간 MRA는 아직 체결한 경험이 없었다.
2012년 현재까지도 우리나라가 체결한 국가 간 MRA는 한국-싱가포르 간
FTA에 포함시킨 것이 유일하다. 이외에 MRA에 대한 정식 협상을 해 본
경험도 적어, 일본에 대해서만 2004년도의 FTA 협상 시 MRA를 독립 분
과로 만들어 협상을 하였다.

사실 우리나라가 과거에 다른 나라와 MRA를 협의한 적이 있었는데,
1991년에 EU와 MRA 협의를 한 것이 첫 번째 사례이다. 1990년대 초 우리
나라는 한국-EU 간의 통신 협상 시 통신 단말기에 대하여 우리 측 시험 결
과를 EU가 인정해 줄 것을 요구하였으며, 1991년 5월에 열린 제7차 한국-

EU 고위층 협의 시 공업진흥청에서 상호 인정 협상을 제안한 바 있었다.

이후 1992년 9월에 EU에서 상호 인정 협정 체결 예비 회담국으로 미국, 일본, 한국 등 10개국을 선정하고, 1995년 5월에는 EU 상호 인정 협상 조사단이 방한하여 예비 회의를 개최하였다. 또한 1997년 4월에도 EU 대표단이 방한하여 협의(참고로 EU측은 '협상'이라는 단어를 사용하는 데 매우 부정적이었다)를 진행하였다.

또한 양측 기술 규제에 대한 이해를 심화시키는 것이 바람직하다는 이해 아래, 공동 설명회를 1998년에 우리나라 및 브뤼셀에서 각각 개최하였다. 그러나 협의 때마다 EU측은 자기들이 다른 협상을 하느라 시간과 인력이 없으니 좀 기다리라는 주장을 계속하고 있었다. 그러다가 1999년에 서울에서 ASEM의 표준·적합성 회의TFAP Standards and Conformity Assessment Meeting가 열렸는데, 이때 EU측 참석 대표와 MRA에 대한 양자 협의를 다시 하게 되었다.

당시 EU측 대표는 한국과의 MRA 협상을 하기에는 EU측의 인력과 시간이 없다는 설명을 반복하였으며, 이후 우리나라에서는 EU가 MRA를 체결할 의사가 사실상 없는 것으로 파악하고, 이후에는 더 이상 협의를 요구하지 않았다.

그 다음에 있었던 MRA 협의는 우리의 KS 마크와 일본의 JIS 마크에 대한 것이었다. 한국과 일본의 각 정부는 1998년 10월 한·일 정상 회담(도쿄)에서 '21세기의 새로운 한·일 파트너십 공동 선언'을 채택하고, 부속 행동 계획에서 투자 협정 체결 추진 등 경제 협력을 강화해 나가기로 하였다.

이에 따라 1999년 3월 일본 오부치 총리가 방한했을 때 '한·일 경제 협력 의제 21'에 합의하고 양국 간 경제 관계의 긴밀화를 위한 분야별 중점 사업을 추진하기로 하였는데, 이 가운데 '기준·인증 분야 협력'에서 '상호 인정을 위한 공동 협력' 조항이 삽입되었다. 이후 양국은 2000년 5월 MRA 추진을 위한 사전 회담을 도쿄에서 개최하고 우선적으로 분야별 정보 교환을 향후 2년간 실시하기로 합의하였는데, 여기에는 KS·JIS 및 전기용품 안전 등이 포함되어 있었다.

그러나 KS·JIS를 제외한 3개 분야에서는 양국 담당 기관 간에 구체적 정보 교환 실적이 없었으며, KS·JIS 간에는 2000년 11월 및 2001년 12월의 2회에 걸쳐 MRA를 위한 실무 작업반Working Group 회의가 개최되었다. 당시 실무 작업반 회의는 양국 간 합의 사항인 정보 교환에 대해서는 인증제도 간 상호 비교표 작성 등에서 성과를 거두었으나, 일본 측의 소극적인 태도로 인해 MRA 협상 개시 등 추가적인 진전을 이룰 수는 없었다.

특히 일본 경제산업성 측은 한·일 정부 간 MRA에 대해 소극적 태도를 보이면서 새로운 MRA 모델로서 이른바 '교차 지정' 방식의 MRA를 우리나라에 설명하고, 이를 활용할 경우 정부 간 MRA를 체결하지 않고도 사실상 같은 효과를 얻을 수 있다는 주장을 하였다.

그러나 일본은 얼마 전에 외국 소재 기관의 인증기관 지정이 가능하도록 자국의 공업표준화법 및 다른 기술 규제 법령을 개정하였기에 이러한 모델이 가능한 것이었고, 우리나라는 외국 소재 기관을 인증기관으로 지정할 수 있는 법령 조항이 없는 관계로 일본 측의 제안을 수용할 수 없었다.

이러한 상황에서 일본 측은 우리나라에 있는 인증기관 중 3개 기관(산업기술시험원, 한국화학시험연구원 및 한국표준협회)에 대해 일방적으로 JIS 마크 인증기관으로 지정한다. 이로 인해 우리로서는 KS·JIS 간 MRA를 요구해야 할 이유가 없어지게 되어 더 이상의 협의는 진행되지 않았다.

이와 같이 우리나라는 외국 정부와의 MRA 협상을 정식으로 해 본 경험이 없다가, 2003년 말에 한꺼번에 두 개의 MRA 협상을 동시에 개시하게 된다. 2003년 12월에 서울에서는 한·일 FTA의 1차 협상 회의가 개최되었다. 이때 우리 측은 전체 FTA 협상의 균형을 위해서라도 시험 인증결과의 상호 인정을 한·일 FTA에 포함시켜야 하겠다는 의지를 갖고 있었다.

그런데 1차 협상에서 일본 측은 우리나라가 요구하는 MRA를 FTA에 포함시켜 협상하는 것 자체에 반대 의사를 표명하고, 1차 협상의 결과인 협상 분과 구성에서도 ① 상품 무역, ② 비관세 조치, ③ 투자 및 서비스 무역, ④ 기타 무역 규범(정부 조달, 경쟁 정책, 지적 재산권), ⑤ 협력 등 5개 분과의 구성에 동의한 반면, MRA에 대해서는 협상을 할 수 없다고 하면서 분과 구성에 대해서는 동의하지 않았다.

이를 해결하기 위해 우리나라에서는 상호 인정을 FTA에 포함시켜 협상할 수 있도록 하기 위해 여러 가지 방안을 모색하였는데, 그 중 하나가 협상 대표단의 조정이었다.

이에 따라 같은 해 12월 말에 산업자원부 장관이 MRA 협상은 기술적 전문성을 감안하여 기술표준원이 맡도록 하라는 지시를 내렸으나, 산업자원부 본부에서 1차 협상 시 한·일 MRA를 담당했던 부서와 업무 이관을 위한 협의를 하는데 시간이 걸려, 실제로 기술표준원이 협상을 담당하게 된 것은 2004년 1월 초가 되어서였다.

마침 2004년 1월에 열린 한국·싱가포르 간 FTA의 1차 협상 회의에서도 MRA가 SPS/TBT-MRA 분과에서 다루어지게 됨에 따라 기술표준원이 싱가포르와의 MRA 협상도 담당하게 되었다. 한국·싱가포르 간 FTA 1차 협상에서의 MRA 논의는 양측의 견해를 타진하는 선에서 일단 끝났다.

그러나 싱가포르와의 1차 협상이 끝난 다음 달인 2004년 2월에 도쿄에서 열린 한·일 FTA의 2차 협상 회의에서는 회의 개최 전부터 전혀 다른 상황이 전개되었다. 일본 측은 MRA에 대해서는 1차 협상에서 자기 측의 의견을 충분히 전달했으니 MRA 협상은 할 수 없다는 의견이었고, 우리 측은 다시 이야기 해 보자는 입장이었는데, 결국 양국은 MRA에 대해서는 일단 '협의'를 한다는 데 합의를 하고 2차 협상에 임하게 되었다.

이 당시 우리 대표단의 긴장감은 매우 높았는데, 이는 김현종 수석대표의 회고록에도 잘 나와 있다. 기술표준원으로서는 특히 산업자원부 내부에서 대표단 조정까지도 겪어가면서 한·일 MRA 협상에 임하게 되었는데, 일본 측이 협상을 계속 거부한다면 장관이 기술표준원에 인정했던 기술 전문성도 퇴색될 판이라 엄청난 부담을 가지고 협상에 임할 수밖에 없었다.

회의 첫날 아침, 일본 외무성의 국제회의센터에서 전체 회의가 열린 후 각 분과별로 흩어져 협상을 하게 되었는데, MRA 협의를 하게 된 회의실에 들어가 보니 일본 측에서는 외무성, 경제산업성 외에 후생성 등 관련 부처에서 17명의 공무원들이 나와 있었다. 이들은 전체 회의를 하는 방의 좌석이 부족하여 소회의실에 미리 와 있던 것이었는데, 반면에 우리 측에서는 기술표준원에서 2명, 외교부에서 사무관 1명 등 모두 3명밖에 되지 않아 대조를 이루고 있었다. 이는 MRA 분과가 구성되지도 않은 만큼, 우리나라의 관련 부처에서 대표를 파견할 수 없었기 때문이기도 하였다. 이에 따라 우리 대표단은 그야말로 3:17로 싸워야 하는 상황이 되어 버렸다.

우리 측 대표단이 그동안의 국제 표준화 활동 및 EU, 일본과의 MRA 협의를 위해 공부했던 지식을 모두 동원하여 한·일 MRA 협상을 체결하기 위한 바람직한 방법에 대해 일본 측에 열심히 설명하고 있는데, 김현종 수석대표가 회의실마다 돌아보다가 MRA 협상이 벌어지고 있는 회의실로 들어와 이 모습을 보고 나가, MRA 분과가 고군분투하고 있다고 우리 대표단에게 얘기하였다고 한다.

이후 양측은 각자의 수석대표를 모시고 MRA 협의를 계속한 결과 서로 합의에 접근하여, 결국 마지막 날 전체 회의에서 일본 측 수석 대표가 한국 측 주장을 수용하여 MRA 분과 설치 및 협상에 동의한다는 발언을 하게 되었다. 이에 따라 우리 대표단은 MRA 분과 구성에 대한 합의를 한·일 FTA 2차 협상의 주요 성과라고 외부에 홍보하게 되었다. 그러나 이때부터 기술표준원은 그야말로 '일복'이 터지게 되었는데, 싱가포르 및 일본과 동시 병행적으로 FTA 협상을 추진하게 된 것과 우리나라가 처음 시도하는 국가 간 MRA 협상을 두 나라와 동시에 추진하게 된 것으로 인한 부담 때문이었다. 나중에 세어보니 2004년도에 치른 공식 MRA 협상만 모두 12번이었다.

이때마다 협상에 임하기 전에 관련 기업, 단체 및 정부 부처들과 함께 개최한 대책 회의, 외교부에서 미리 개최한 분과장 대책 회의, 또 협상 후의 결과 전달을 위해 개최한 회의까지 합하면, 본 협상 1회당 관련 회의가 3회씩이니 총 48회의 회의를 주관해야 했다. 거기에 원산지 문제 등 중요 현안에 대해서는 특별 회의를 열어 협상 전략을 마련해야 했으니 총 50회 정도의 회의를 준비하여 열었던 셈이다.

개인적인 이야기이지만, 지금도 당시 같이 일했던 기술표준원 국제표준과 직원들에게 늘 고마운 마음을 가지고 있으며, 함께 분과 활동을 했던 외교부, 농수산부, 해양수산부 및 정보통신부 직원들에게도 마음의 빚을 지고 있다.

우리나라가 싱가포르 및 일본과 추진한 MRA는 모두 EU-일본, EU-미국 및 일본-싱가포르 간 MRA와 유사한 형태의 정부 간 협정이었다. 이 방식에서는 양국의 제도나 기술 기준·표준이 통일되지 않았더라도 상호 신뢰 아래, 상대측 정부가 지정하여 통보해 준 인증기관이 자국의 인증서를 발행할 수 있도록 하고 있다.

우리나라는 이러한 MRA를 협상하는 것이 처음이었으나, 싱가포르와 일본은 모두 경험이 있는 나라들이었기에 협상은 우리에게는 일종의 학습 과정이 되었다. 기술표준원은 공업진흥청의 업무를 승계한 기관으로서 1990년대 초 EU와의 MRA에 관한 논의 때부터 어느 정도의 자료 조사 및 논리 개발을 해놓고 있었음에도 불구하고 실전에서는 상당한 어려움을 겪었을 정도였다.

그럼에도 불구하고 싱가포르와는 협상이 잘 진척되어 2004년 말에 FTA 협상이 타결될 때 MRA도 같이 합의를 이룰 수 있었다. 물론 세부 시행 방안을 마련하기 위해서는 추가적으로 2~3년간 실무 협의를 해야 하였으

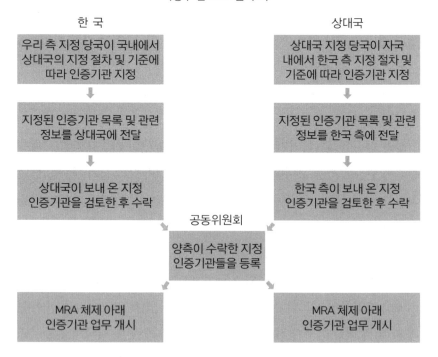

〈정부 간 MRA 절차도〉

나, 2012년 현재도 우리나라가 보유한 유일한 MRA는 한국-싱가포르 간 MRA뿐이다.

일본과는 협상 초기의 애로와는 정반대의 현상이 벌어졌는데, 다른 분과에서 협상 추진에 큰 어려움을 겪었던 것과는 달리 MRA 분과에서는 협상이 매우 순조롭게 진척되었다. 이는 국제 표준화 부분에서도 언급했던 사례에서와 유사하게, 대표 간의 상호 신뢰가 어느 정도의 역할을 한 것으로 생각된다.

우리나라에서와는 달리, 일본의 FTA 대표단에서는 수석 대표뿐만 아니라 모든 분과장을 외무성 공무원이 담당하고 있었는데, MRA 분과에서는 기술 전문성 문제를 인식해서인지 경제산업성 표준인증국의 과장이 사실상 공동 분과장 형태로 참여하고 있었다.

그런데 기술표준원 대표단은 당시 일본의 경제산업성 표준인증국에서 근무하는 직원 중 상당수를 국제 표준화와 관련된 회의에서 만나거나 하여 미리부터 잘 알고 있는 상황이었다. 따라서 MRA 협상에서도 이들과의 상호 신뢰가 협상 진행에 큰 도움이 된 것으로 생각된다.

그러나 2004년 11월 일본 도쿄에서 열린 6차 협상 회의가 차기 협상 일시에 대한 약속 없이 종료되면서, 한·일 FTA 협상이 사실상 결렬됨에 따라 MRA 분과에서 나름대로 쌓아 올린 협상 성과도 같이 무산될 수밖에 없었던 것은 아쉬움으로 남는다.

2. 표준을 통해 만난 인연

1990년대 말과 2000년대 초의 국제 표준화 활동 중에 만난 사람들 가운데, 국제적으로 ISO나 IEC에서 큰 기여를 하고 우리나라에도 직접적으로나 간접적으로 영향을 준 사람들을 소개하고자 한다.

(1) Oliver Smoot

Oliver Smoot는 2003~2004년 2년간 ISO 회장을 역임하고, 미국 내에서는 2001~2002년에 미국표준협회ANSI 이사장을 역임했다. 상임직으로는 정보 산업 업계의 로비 단체인 ITIIT Industry Council에서 표준 담당 부회장이었으며, 정부를 위해서는 북아메리카 개방 시스템 시험 인증 위원회 위원장, 미국 상무부 전자 계측 산업 무역 정책 자문 위원회 위원장 등을 맡았었다.

우리나라와 Smoot와의 인연은 2001년에 서울에서 PASC(태평양지역표준회의) 총회를 개최했을 때 시작되었는데, 이때 Smoot는 미국 대표단의 단장으로 참석하였다. 이후 2002~2003년에 Smoot가 ISO 회장 당선자 및 회장으로 활동할 때에는 필자가 ISO 이사회 부설 '개발도상국 특별 작업반'의 의장으로 선출되고 활동하는 데에도 많은 도움을 주었다.

ISO 이사회는 연간 세 차례에 걸쳐 이틀씩 회의를 하는데, 회의 기간에는 오전 9시부터 오후 5시까지 하루 종일 회의를 하는 외에도 오찬을 함께 하거나 만찬을 배우자들과 같이 하는 기회를 주기도 한다(선진국에서 참가하는 대표들은 회의 개최지에 배우자와 함께 와서 만찬 등에 동반하는 경우가 많다).

그래서 이사회 참석자끼리는 ISO의 운영에 대한 사항 외에도, 다양한 분야의 이야기를 깊이 나눌 수 있는 기회를 갖게 된다. Smoot가 ISO 이사

〈ISO 이사회 부설 개발도상국 특별 작업반의 활동을 언급한
Oliver Smoot ISO 회장의 2002년도 취임사〉

회에서 보여 준 부드러우면서도 전략적인 방향성을 잃지 않는 운영 능력
은 매우 감탄할 만하였다.

그런데 나중에 알게 된 사실인데, Smoot는 대학생 시절부터 표준화에
서 큰 기록을 남긴 사람이었다. 그는 MIT 공대에서 학부 생활을 했는데,
여기에서 그의 이름을 붙인 길이 단위를 만드는 데도 기여하였다(이하
Wikipedia 및 MIT의 Smoot 관련 자료 참조).

Smoot는 신입생 시절인 1958년 10월, MIT 내 'Fraternity'(우리말로는
'동아리'로밖에 번역이 안 되지만, 우리나라의 동아리보다는 훨씬 강한 내
부 유대감을 갖고 있는 대학 내의 학생 조직이다) 중 하나인 'Lambda Chi
Alpha'에 가입하여 신입생 신고식을 하게 되었는데, 이때 캠퍼스 내 하버
드 다리를 신입생의 키로써 측정하여 페인트로 표시하라는 미션을 받게
되었다.

그 방법으로 신입생의 키를 잰 끈을 가지고 길이를 충분히 잴 수도 있었으나, 이 미션이 굉장히 흥미롭다는 생각과 동행한 선배의 감시로 인하여 실제로 신입생의 몸을 이용하여 측정할 수밖에 없게 되었고, 그 중 키가 가장 작았던 Smoot가 뽑혀 다리 길이를 측정하게 되었다(Smoot는 미국인으로서는 그다지 큰 키가 아니었는데, 자료를 보니 5피트 7인치라고 한다).

Smoot가 MIT 후배들과 한 인터뷰에 의하면, 본인이 젊었을 때에도 팔굽혀펴기를 수백 번 할 수는 없었기에 친구들이 자기를 번쩍 들어 옮겨가며 측정을 했다고 한다.

이때 다리의 길이는 '364.4 SMOOT'로 측정되었으며, 이후 MIT에서는 길이 단위 중의 하나로 'SMOOT'를 사용할 수 있을 정도로 이 사건이 유명해졌다. 당시 그 미션에 참여했던 학생들이 다리 위에 남긴 표시는 이후 MIT의 'Lambda Chi Alpha' 후배들이 매년 페인트로 새로 칠하고 있다고 하며, 이것이 워낙 유명해진 탓에 이 미션의 50주년이 되는 2008년에는 Oliver Smoot의 1962년 졸업 동기생들이 하버드 다리 위에 기념 동판을 설치하게까지 되었다.

Smoot는 MIT를 졸업한 이후 조지타운 대학에서 법학을 전공하여 변호사가 되었고, 이 직업을 통해 계속 성공적인 경력을 쌓아나갔으나, 결국에는 미국표준협회 이사장 및 국제 표준화 기구 회장을 역임하게 되었으니, 대학교 신입생 때의 '치기 어린' 행동이 나중에도 큰 영향을 준 셈이다.

여담으로, 국제 무역을 전공한 사람들은 'Smoot'라는 이름을 들으면 떠오르는 것이 있을지도 모르겠는데, 1929년 대공황 당시 미국의 보호 무역을 대표하는 'Smoot-Hawley Tariff Act'를 발의한 의원 중 한 명이 Smoot이다. 2001년 서울에서 PASC 총회를 개최했을 당시 기술표준원장이 미국 대표단장인 Smoot에게 Smoot-Hawley Tariff Act의 Smoot 의원과의 관계를 물어보자 친척이 된다고 답변한 적이 있었다.

그런데 2006년에 '빅뱅' 이론을 증명하는 실험을 통해 '노벨 물리학상'을 수상한 George Smoot 박사는 Oliver Smoot의 사촌 동생이라고 한다. 참 대단한 집안이다. 또 하나 재미있는 것은 George Smoot 박사가 한국에 체류하고 있다는 것이다. 2012년 현재 George Smoot 박사는 교육과학기술부가 세계 수준의 연구 중심 대학WCU 프로젝트의 일환으로 이화여대 내에 설립한 'Institute for the Early UniverseIEU'의 소장으로 근무하고 있다.

(2) Akira Aoki

ISO·IEC, 또는 다른 국제 표준화 기구가 개최하는 회의에서 회의를 주재하거나 분위기를 이끌어 나가는 사람들은 대개 서양 사람들이다. 표준화 작업도 일반적인 국제적 룰 메이킹에서와 마찬가지로 동양 사람들은 해당 분야에서의 전문성뿐만 아니라, 언어 장벽 및 소극적 태도 등으로 인해 쉽게 두각을 나타내기 어렵기 때문인 것으로 보인다.

그런데 1990년대 하반기에 ISO 부회장 등을 맡은 일본의 Akira Aoki는 이러한 면에서 다른 서양 사람들을 완전히 압도하는 사람이었다. Aoki는 당시 ISO의 장기 전략을 구상하는 특별 작업반의 의장으로 활동할 정도로 국제 표준화에 대한 비전을 가지고 있었을 뿐만 아니라, 회의 시에도 다른 사람들을 배려하여 자신의 경험이나 전문성을 뽐내려 하지 않았다. 또한 회의 중에도 중요 시점마다 상대측의 용기를 북돋아주는 발언을 적시에 함으로써 국제회의를 요령 있게 진행하는 것이 어떤 것인지를 스스로 보여 주는 인물이었다.

Aoki는 일본의 도쿄 대학에서 1958년 기계 공학 석사를 받은 후 니폰스틸에 근무하면서, ISO에서 철강 분야 기술위원회인 TC17의 의장을 1981

〈2000년 ISO 밀라노 총회의 Akira Aoki(오른쪽에서 두 번째,
세 번째는 Eicher 사무총장이다) (ISO)〉

년부터 1995년까지 14년 동안이나 맡았다.

이외에도 그는 ANSI, ASTM, AFNOR, BSI, DIN 및 일본 JISC에서 각종 소위원회나 작업반을 담당하는 의장, 간사 및 컨비너를 약 60명 지도했다고 한다. 2000년대 말에 미국 ASTM은 Aoki의 업적을 높이 평가하여 ASTM의 이사로 모시기도 하였다.

(3) Lawrence Eicher

Eicher 박사는 1980년부터 1986년까지는 ISO에서 사무차장으로 있다가, 1986년부터 2002년까지 ISO 사무총장을 역임하였다. 그는 미국 NIST(국립표준기술원)의 물리 화학 분야 연구원 출신으로서, 이후 기술 행정 업무로 전환하여 NIST 내의 표준서비스국 국장을 하다가 ISO 사무총장으로 발탁되었다.

Eicher 박사는 미국과 유럽 간에 표준화와 관련한 갈등이 가장 심할 때 ISO 사무총장을 맡아 어려운 조정 업무를 잘 수행한 것으로 평가받고 있다. 즉 1990년대 초에 EU가 CE 마크 제도를 강화하면서 EN 표준의 제정 및 활용을 확대하는 것이 ISO 및 IEC의 활동과 충돌하게 될 것이라는 우려가 많았는데, 그는 미국 출신 사무총장으로서 미국 편만 든다는 소리를 듣지 않으면서도 양측 간의 합의를 슬기롭게 이끌어 냈다.

특히 CASCO(적합성 정책 위원회)의 표준화 활동을 재정립한 것이라든지, 인증기관들이 추진한 OHSMS(산업 보건 안전 경영 시스템)의 표준 제정 움직임을 효과적으로 제지한 것 등은 그만의 독특한 리더십으로 가능하였다고 생각된다.

또한 Eicher는 여러 회의에서 개발도상국 대표들을 위한 특강을 하였는데, 이 책에서도 기술한 '표준화의 역사' 등은 그가 ISO 총회 참석자들에게 발표를 통하여 전달해 준 지식을 일부 활용한 것이다.

필자가 국제 표준화 초년병 시절에 그에게 보낸 이메일 질의에도 친절히 답을 보내 준 적도 있다.

당시 평직원이었던 필자가 사무총장으로부터 직접 이러한 이메일을 받았으니 얼마나 기분이 좋았는지는 말할 필요도 없다. 또한 1999년도 ISO 총회(베이징)에서 우리 기술표준원이 이사회 선거에서 떨어져 모두 낙담해 있을 때, Eicher가 우리 대표단에게 다가와서 한국이 어떻게 하면 차기 선거에서 이사회에 재진출할 수 있겠는지에 대해서도 여러 가지 조언까지 해 주는 특히 고마운 분이었다.

이러한 조언을 충실히 따른 기술표준원은 2001년에 호주의 시드니에서 열린 ISO 총회에서 이사회 진출에 성공하고, 이에 따라 2002~2003년도 ISO 이사회에서 활동하게 되었을 때 가장 기대했던 것 중 하나는 Eicher

〈Eicher가 저자에게 보내 준 '이메일 표준의 무료 개방'에 대한 답변이다 〉

보낸 사람: "Eicher Lawrence" 〈eicher@iso.ch〉
받는 사람: "Lee, Eun Ho" 〈eunho@ats.go.kr〉
제목: Re: Inquiry on free ISO standards
날짜: 1999년 7월 9일 금요일 오후 1:38

Dear Dr Lee,

Regarding your question on the ISO standards that are freely available
on the Web, apart from ISO 8601 which was posted on ISO Online for only
a short period of time in order to help promote its implementation in
the Y2k context, all other free access on the Web is to ISO/IEC JTC 1
Standards.

As you may know any ISO standards placed on the Internet for free access
requires agreement by ISO Council (in the case of JTC 1 this includes
IEC Council). Over the past few years ISO/IEC Councils have endorsed a
number of ISO/IEC Standards for free access (see for example ISO Council
resolutions 9/95 and 41/1996); more recently the ISO Council endorsed a
policy whereby a certain category of ISO/IEC JTC 1 standards could be
freely available on the web. A comprehensive list of all these ISO/IEC
Standards is available for free access on the Information Technology
Task Force (ITTF) web site: http://www.iso.ch/ittf (ITTF is the joint
ISO/IEC Group that coordinates the work of JTC 1).

Concerning your second question the present ISO policy on copyright is
provided in the latest version of the POCOSA agreement (POCOSA99) which
is available under ISO General Documents in the ISODOC Server (ISO/GEN
20:1999). The only change that will be implemented as from the beginning
of 2000 is that royalties to be paid by ISO members to the Central
Secretariat will be based on the ISO Catalogue list prices, rather than
on net revenues of the member concerned. It is difficult to speculate as
to whether or not there will be other significant changes in the
copyright and sales policy.

Hoping this is helpful information, I remain

Sincerely yours,

Lawrence D. Eicher

와 같이 일을 하게 된 것이었다.

이때 Eicher는 이사회에 새로 참여하게 된 위원들에게 브리핑을 별도로 해 주겠다는 메일을 다음과 같이 보냈다.

그런데 2002년 2월 19일 ISO 이사회의 신임 위원을 위한 브리핑에 Eicher는 나타나지 않았다. 대신 나온 ISO 사무차장 말이 Eicher가 바로 전날 심장마비로 입원하여 응급 수술을 받았다는 것이었다. 그리고 다음 달인 3월 21일에 사망하였다.

ISO의 많은 이사들이 Eicher 박사의 업적을 잘 알고 있었기에, 그분의 생전의 뜻을 기리자는 논의가 이사회에서 자연스럽게 진행되어 두 가지 조치가 이루어졌다. 첫 번째는 ISO 중앙사무국의 대회의실 이름을 'Lawrence Eicher Room'으로 명명하는 것이었고, 두 번째는 실적이 우수한 ISO 내 기술위원회(TC)에게 매년 수여하는 상을 새로이 만들고 그 상

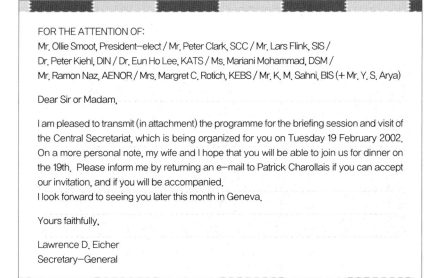

FOR THE ATTENTION OF:
Mr. Ollie Smoot, President-elect / Mr. Peter Clark, SCC / Mr. Lars Flink, SIS /
Dr. Peter Kiehl, DIN / Dr. Eun Ho Lee, KATS / Ms. Mariani Mohammad, DSM /
Mr. Ramon Naz, AENOR / Mrs. Margret C. Rotich, KEBS / Mr. K. M. Sahni, BIS (+ Mr. Y. S. Arya)

Dear Sir or Madam,

I am pleased to transmit (in attachment) the programme for the briefing session and visit of the Central Secretariat, which is being organized for you on Tuesday 19 February 2002. On a more personal note, my wife and I hope that you will be able to join us for dinner on the 19th. Please inform me by returning an e-mail to Patrick Charollais if you can accept our invitation, and if you will be accompanied.
I look forward to seeing you later this month in Geneva.

Yours faithfully,

Lawrence D. Eicher
Secretary-General

의 이름을 'Lawrence D. Eicher Leadership Award'로 하기로 한 것이었다. 비록 Eicher 박사와는 더 이상 같이 일할 수 없게 되었으나, 그의 자취는 늘 우리 곁에 있다.

(4) Masami Tanaka

Masami Tanaka 교수는 일본 통상산업성 공업기술원에서 표준국장을 5년이나 역임하여, 2년 주기 순환 인사가 일반화된 일본 공무원으로서는 매우, 정말 매우 드물게 표준화 업무를 오래 담당했으며, 또 일본인으로서는 흔하지 않게 국제 표준화 사회에서도 리더십을 보여준 분이다.

이러한 경력과 리더십 덕분이었는지, Tanaka는 2005~2006년 임기의 ISO 회장으로 선출되었다. ISO 회장 업무를 수행하는 것은 시간적으로나 재정적으로 쉬운 일이 아니기에 ISO 회장들은 기업 중역 출신인 경우가 많았는데, 퇴직 관료가 ISO 회장을 하게 된 것은 매우 놀라운 사실이었다. 참고로, 일본인으로서 IEC 회장을 역임했던 Takayanagi 박사는 일본 기업 도시바의 기술고문이었다.

〈2004년 ISO 제네바 총회 시의 필자와 Tanaka씨.
맨 왼쪽은 2011년에 ISO 부회장으로 선출된 Sadao Takeda씨이고,
필자 오른쪽은 영국표준협회 국제협력과장인 Alison Dick이다.〉

(5) Standards Family

국제 표준화 활동을 하면서 만난 인연 중 특별히 기억나는 사람들이 여러 명 있는데, 이들은 스스로를 'Standards Family'에 속해 있다고 생각하는 사람들이며, 국제회의 석상에서가 아니더라도 서로 자주 연락을 하고 기회가 될 때마다 만나는 사이이다.

이 가운데 미국표준협회ANSI의 국제 담당 부회장인 Gary Kushnier를 첫 번째로 소개한다. 그는 세계 표준화 조직에서 몇 명 되지 않는, 젊어서부터 표준화 기관에서 계속 일한 사람이다. 우리나라보다 지속 근무 경향이 강한 미국이나 유럽에서도 이런 사람은 드문데, 그보다도 더 오래 표준화 기관에서 일한 사람으로는 현재 미국 ASTM(재료시험학회)의 회장인 James Thomas밖에 없다.

James Thomas는 2010년 WTO/TBT 위원회에 초청되어 간단한 발표를 하면서 자기가 ASTM에서 38년 동안 일해 왔다고 말하여 회의 참가 대표들을 놀라게 한 적이 있었는데, 이 이야기를 Gary에게 전했더니 자기는 2010년 9월로 36년이 된다고 하는 것이었다.

Gary는 ANSI의 부회장으로서 미국의 국제 표준화 활동을 십수 년간 대표하여 왔다. 1996년에 부회장으로 부임하기 전에는 브뤼셀에서 미국과 EU 간의 표준화 관련 현안을 조정하기 위한 파견관으로 수년간 근무하여 EU의 표준화 활동에 대한 지식도 매우 밝다. 또한 그는 태평양 지역 표준회의(PASC)에서도 상임 위원회의 의장으로서 태평양 지역 국가 표준화 기관 간의 협의를 잘 이끌어 왔다.

Gary가 특히 잘하는 것은 앞서 말한 Standards Family를 잘 이끌어 나간다는 것이다. 또한 그는 표준화 활동에 관련한 많은 사람들이 워싱턴을 방문할 때마다, 공식 행사와는 별도로 만찬이나 오찬을 함께 하려는 자리

를 마련하느라 부단히
노력해 오고 있다.

오른쪽 사진은 2003
년 가을에 부에노스아
이레스에서 열린 ISO
총회시 만찬에서 자리
를 함께 한 Gary와 그
의 부인이다.

이러한 노력을 통해

〈Gary와의 Standards Family Dinner〉

표준화 업무를 담당하는 사람들 간에는 직접적으로 현안을 협의할 수 있
는 채널을 만들 수 있다. 실제로 국제 표준화 활동 초기 시절에 잘 모르는
부분에 대해서는 Gary에게 물어본 적이 여러 번 있었으며, 그는 그때마다
수십 년간의 경험을 쌓은 전문인답게 알기 쉽게 설명해 주었다.

또 한 사람은 지금 ISO 사무총장을 맡고 있는 Rob Steele이다. Rob
Steele은 Standards Family에 비교적 늦게 합류한 케이스로서, 1999년에
뉴질랜드의 국가 표준화 기관인 Standards New Zealand(SNZ)의 CEO로 영
입되어 이때부터 표준화 활동을 시작한 사람이다. Rob의 말에 의하면
SNZ는 1998년 무렵 경영 위기에 빠져 직원들의 분위기가 말이 아니었는
데, 2000년 봄에 뉴질랜드 퀸즈타운에서 PASC 총회를 유치하여 개최한
것을 계기로 직원들의 단합도 이끌어 내고, 기관도 다시 자리를 제대로 잡
을 수 있었다고 한다. Rob은 이후 ISO의 이사회에도 위원으로 선출되어
일하면서 다른 ISO 회원들의 인정을 받게 되었다.

그러다가 Rob이 2008년에 SNZ를 사직하고 잠시 일을 쉬게 되었는데,
마침 이때 ISO 사무총장을 하던 Alan Bryden(프랑스)이 퇴직을 하여 신임

사무총장을 채용하게 되었다. 이 과정에서 미국이나 유럽이 아닌 제3지역의 인사인 Rob Steele이 후보로 부상하여 ISO 이사회에서 그를 사무총장으로 선택하게 되었다.

Rob Steele은 현재 ISO 사무총장으로서 ISO 중앙사무국을 보다 역동적인 조직으로 개혁하기 위해 많은 노력을 기울이고 있다. 또 그는 2011년 10월에 우리나라를 방문, 산업표준화법 제정 50주년 기념식에 참석하여 자리를 빛내 주었으며, 현대자동차, 삼성전자 등의 우리 기업인 및 전문가들과 좋은 대화를 많이 나눈 바 있다.

참고로, 필자는 베트남에서 상무관으로 근무하던 시절, APEC의 표준소위원회 회의에 참석하러 하노이를 방문한 Gary Kushnier 및 Rob Steele과 하노이에서 Standards Family Dinner를 가진 적이 있으며, 2011년 하노이에서 열린 태평양 지역 인정 기구 회의PAC에 ISO 부회장으로 선출된 일본의 Sadao Takeda와도 함께 Standards Family Dinner를 한 바 있다. 다른 국제기구에서도 마찬가지이겠으나, 국제 표준화 활동에서는 개인 간의 네트워크가 매우 중요하다.

3. 표준 전사戰士를 향하어

최근 들어 국제 표준을 장악하는 것은 기업의 전략에서도 매우 중요한 의미를 갖게 되었다. 앞선 기술을 가진 기업이나 개인이 특허를 등록하는 것은 자기의 기술을 보호하는 데에는 좋으나, 자기의 기술이 다른 기업이나 국가로 퍼져 나가 시장이 확대되도록 해 주지는 않는다.

이를 위한 방법 중 국제 표준으로 채택시키는 것이 있는데, WTO의 TBT 협정 덕분에 일단 국제 표준으로만 채택이 되면 다른 나라들에게 자기의 기술을 확산시키는 것은 별 문제가 되지 않게 되었다. 그런데 앞서 기술한 여러 가지 표준화 실패 사례에서 보듯이 표준을 장악한다는 것은 결코 쉬운 일은 아니다.

국제 표준을 선점하고 장악하기 위해서는 이와 관련한 기술을 다른 기업보다 먼저 갖는 것이 첫 번째 과제이다. 따라서 해당 분야 산업의 방향을 제시할 수 있을 정도의 높은 기술력을 갖고 있을 필요가 있다.

그러나 국제 표준화 활동을 제대로 수행하여 자기의 기술을 국제표준으로 채택시키기 위해서는 다른 사람들과의 협의를 잘 하는 것도 매우 중요하다. 이런 노력이 없을 경우에는 경쟁 기업들은 다른 기업의 기술을 절대로 국제 표준으로 채택해 주지 않을 것이다.

여기서 국제 표준화 활동을 주도할 수 있는 사람은 성격이 전혀 다른 두 가지 능력이 모두 필요한데, 이 능력들은

- 기술 전문성 　　 • 국제 활동 전문성

으로 대표된다. 일반적으로 개인들이 이 두 가지 능력을 모두 갖출 수는 없으며, 이 능력들을 개발하려면 각각 별도의 노력을 기울여야 하며, 각각의 능력에도 잘하는 정도에 따라 4단계가 있는데, 이 단계는 다음과 같다.

- observer 　 • contributor 　 • key player 　 • leader

기술 전문성을 놓고 볼 때, 예를 들어 공과대학 졸업자의 기술 전문성에서는 능력의 4단계를 다음과 같이 설명할 수 있다.

- observer : 다른 사람의 설명을 이해할 수 있는 수준. 학부 학생과 비교된다.
- contributor : 자기의 생각을 정리하여 문서로 작성 가능한 수준. 박

사 과정의 대학원생과 비교된다.

– key player : 연구를 직접 주도할 수 있는 수준. 교수와 비교된다.

– leader : 해당 기술 분야에서 'vision', 'insights', 'roadmap' 등을 제시
할 수 있는 수준. 세계적으로 널리 쓰이는 교과서를 집필하였거나 유
명 학회에서 'Fellow' 지위를 받은 교수들이 여기에 속한다.

이제 국제 활동 전문성을 살펴보자. 여기에는 다른 사람과의 친화력, 회
의 진행 기술, 협상 기술, 일상 영어가 아닌 국제회의 영어 능력, 관련 국제
표준화 기구의 운영 규정에 대한 숙지, 그룹 리더십 등이 있다. 그리고 이
능력들을 종합한 점수에서도 4단계의 차이를 설정할 수 있다고 생각된다.

그러면 이 능력들을 그래프로 그려 보자. 기술적 전문성과 국제회의 전
문성이 완전히 독립적인 능력이라고 보면, 이들을 서로 수직한 변수로 놓
을 수 있을 것이다. 따라서 기술 전문성을 X축으로 하고, 국제회의 전문성
을 Y축으로 하는 그래프를 그려 보자.

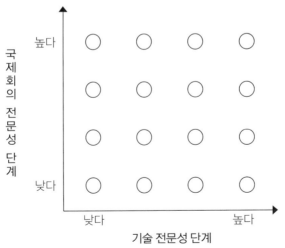

〈국제 표준화 활동에 필요한 능력 단계〉

위의 그림을 보면 특정 개인이 어디 위치에 속하게 될 것인가를 바로 알수 있다. 그런데 국제 표준화 활동을 주도할 사람들은 이 그림에서 다음위치에 속하는 사람들이 될 것이다.

그렇다면 여기에서 남은 과제는 개인이 어떻게 하면 다음 그림의 원 안으로 들어갈 수 있는 능력을 발전시킬 수 있는가이다. 그러나 현실적으로한정된 자원과 시간밖에 없는 기업이나 국가 표준화 기관으로서는, 기존인력들의 능력을 향상시키는 데 가장 효율적인 방법을 채택할 수밖에 없을 것이다.

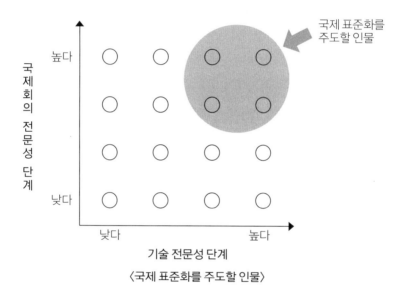

〈국제 표준화를 주도할 인물〉

여기서 두 가지 방법을 생각할 수 있다. 하나는 국제회의 전문성이 높은 인력에게 기술 전문성을 강화하는 교육, 또 하나는 기술 전문성이 높은인력에게 국제회의 전문성을 높이는 교육이 될 것이다.

위에서 언급한 '한정된 자원과 시간'이라는 제약 아래서는 어느 정도의 기술 전문성을 갖춘 인력에게 국제회의의 전문성을 높이는 교육을 하는 수밖에 없을 것이다. 인문사회계 대학을 졸업한 인력에게 기술 교육을 새롭게 하여 외국인이나 다른 기업의 직원들과 경쟁하도록 하는 것이 현실적으로 매우 어려운 일이라는 점을 감안하면, 이러한 선택이 어쩔 수 없는 것이라는 점은 쉽게 이해가 될 것이다. 이 경우 에 나타날 수 있는 것이 다음 그림이다.

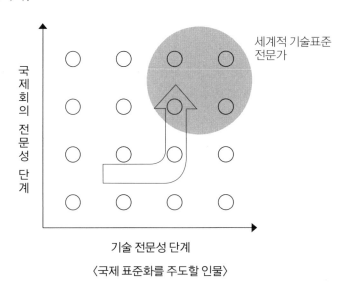

〈국제 표준화를 주도할 인물〉

다음 과제는 어떤 수준의 기술 인력에게 어떤 내용의 교육을 해야 하는가이다. 일단 기술 전문성의 수준만 놓고 볼 때, 가급적 높은 기술력을 갖춘 사람들에게 국제 전문성 교육을 제공하는 것이 유리하다는 결론에 도달할 수 있다. 대졸 신입 사원에게 특별 교육을 시켜 국제 표준화를 주도하게 하려면 시간과 노력이 많이 들게 될 것이다.

두 번째는 어떤 내용의 교육을 시켜야 할 것인가에 대한 것인데, 국제 활동의 전문성의 구성 요소로 지목한 사항 중, 협상 과정이나 국제회의 영어 능력 등에 대해서는 다행히도 대학원이나 많은 사설 교육 기관들이 다양한 프로그램을 제공하고 있다.

그러면 남는 것은 국제 표준화 기관의 운영 규정에 대한 것인데, 이는 국가 표준화 기관이 직접 제공하든지, 아니면 국제기구가 수시로 제공하는 프로그램에 참여시키는 방법이 있을 것이다. 또 리더십을 강화시키는 방법으로는 국제 표준화 작업반에서 의장 정도의 직위를 수행하는 사람들에게는 적절한 규모의 업무 추진비를 지원하는 것도 한 방법이 될 수 있다.

그렇다면 기술 전문성 부분의 성장과 관련해서는 기업이나 개인에게만 맡기고 국가 표준화 기관에서는 손을 놓아야 할 것인가. 이에 대해서는 일정 수준 이상의 기술 전문가의 기술 능력을 강화시킬 수 있는 교육을 누가 해 줄 수 있을지에 대한 고민이 따른다.

예를 들면 어떤 스포츠에서 높은 수준의 기량을 위해서는 보다 실력 있는 감독이 필요하듯이, 어느 정도의 기술적 능력을 갖춘 기술 전문가들에게는 그들보다 훨씬 더 높은 능력을 갖춘 사람을 강사로 활용하여야 한다. 그리고 또 하나의 조건은 표준화에 대해서도 잘 알고 있는 사람이어야 한다는 것이다.

이러한 조건을 만족시키는 사람으로는 관련 표준화 기술위원회에서 의장을 맡고 있는 사람들을 들 수 있다. 그런데 이러한 분들을 우리나라에 초빙하여 '한 수' 배우려면 상당한 노력과 비용이 들 것이다. 그래서 비교적 쉽게 모실 수 있는 방법 중 하나가 우리나라에 유치한 기술위원회 회의를 활용하는 것이다.

어떤 위원회를 유치하여 그 회의에 참석하러 온 의장급 인사에게 회의가 끝난 후, 또는 시작하기 전의 하루를 잡아 특별 강의를 부탁하는 것이다. 물론 교육 대상은 우리나라에서 해당 표준화 활동에 관심이 많은 기술 전문가들이다.

이러한 교육들을 잘 활용하여 보다 높은 능력을 키우고 수준을 한 단계 높이면, 우리나라의 표준화 전문가들은 모두 우수한 표준 전사戰士가 되어 앞으로 세계 표준을 주도할 수 있게 될 것이다.

밝은 미래를 향하여

국제 표준은 후발 기업에게는 진입 장벽이 되기도 하지만, 선진 기업에게는 세계 시장을 장악할 수 있는 수단이기도 하다. 그럼에도 불구하고 표준의 진화에 빨리 적응하지 못하는 경우에는 선발 기업이라 하더라도 잠깐 사이에 글로벌 기업의 자리에서 물러나야 하고, 진화에 잘 적응하는 후발 기업들이 정상에 오르기도 한다. 따라서 찰스 다윈의 말처럼, 표준화에서도 잘 적응하여 진화하는 것이 무엇보다도 중요하다.

다행히도 우리나라 사람들은 적응에 있어서는 어느 나라 사람보다도 뛰어난 능력을 가진 것으로 생각된다. 기술 분야만 보더라도, 우리나라 기업들은 1980년대 중반 미국과의 특허 분쟁으로 인해 큰 곤경을 겪은 이후에 이에 대한 노력과 투자를 강화한 결과 현재는 특허 출원 면에서 세계 1위(2009년 IMD 평가)로 랭크되고 있다.

그러면 국제 표준화 분야에서는 어떠한가. 우리나라는 1961년 ISO와 IEC에 가입한 이후 1990년대 중반까지의 30여 년 동안은 성과를 거둔 것이 거의 없었다. 그러나 1990년대 하반기부터 MPEG 등 IT 분야에서의 표준화 활동에 민간의 자발적 참여가 대폭 늘어난 것이, 마침 정부에서 적절한 지원 정책을 시행한 것과 맞아 떨어져, 2000년대 중반부터는 표준화 교육 분야에서 세계 1위 수준이 되었다고 ISO가 평가하고 있다. 또 전기 전자 분야에서 IEC에 국제 표준 초안을 제안한 실적에서는 2009년에는 세계 2위, 2010년에는 세계 1위가 되었다.

이러한 것을 보면 우리나라는 국제 표준화 분야에서도, 앞으로 크게 성장할 수 있는 가능성이 전 세계 어느 나라보다도 크다고 생각된다. 특히 ISO 및 IEC의 간부들이 우리나라를 주목하는 이유는, 우리나라에서 주요 국제 표준화 회의에 참가하는 전문가들의 평균 연령이 미국이나 유럽 국가들에서 참가하는 사람들보다 훨씬 젊다는 것이다. 사실 미국이나 유럽의 전문가들은 매우 노령인 경우가 많은데, 이는 표준화 업무의 특성이 업무의 연속성을 중요하게 여기기 때문이기도 하다. 따라서 그동안의 국제 표준화는 일부 서양 사람들의 그룹이 가족 같은 분위기 속에서 이끌어 온 것이 현실이다.

그러나 서양 국가들에서 제조업이 쇠퇴하고 이공계 기피 현상이 만연하면서 이들의 업무를 이어받을 전문가를 자국 내에서는 더 이상 찾기 어렵게 되었기에, 이들만이 주도해 오던 표준화 활동은 앞으로는 어려워질 것으로 예상되고 있다.

따라서 국제 표준화 기구들이 우리나라의 많은 젊은 전문가들에게 주목하고 있는 것이며, 앞으로 짧으면 5년, 길어야 10년 이내에 우리나라가 상당 부분의 표준화를 주도할 수 있게 될 것이라고 생각된다. 이러한 기회를 제대로 잡기 위해서는 우리나라에서 유능한 국제 표준 전문가들을 많이 확보하기 위해 노력해야 할 것이다.

이러한 노력들이 결합되면 우리는 앞으로 다가올 기회를 제대로 살려 '표준 강국'으로 우뚝 설 수 있게 될 것이다.

무역상
기술 장벽

부 록

1. 무역상 기술 장벽의 개요

무역 장벽은 크게 관세 장벽과 비관세 장벽으로 분류된다. 관세 장벽은 가장 전통적인 무역 장벽 수단이지만, 선진국에서는 공산품에 대한 관세율이 2차 세계 대전 이후 급격히 내려가서 큰 의미를 갖지 못하게 되었으며, 특히 IT 기기 분야에서는 1996년 WTO에서 주도한 ITAInformation Technology Agreement 이후 관세율 0%인 경우도 많아지게 되었다.

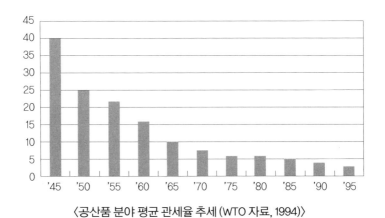

〈공산품 분야 평균 관세율 추세 (WTO 자료, 1994)〉

비관세 장벽은 관세 이외의 방법으로 인한 모든 종류의 무역 장벽을 말하는데, 가격 통제 조치, 수량 제한제, 독점적 조치, 동식물 위생 검역 조치, 표준 및 인증, 표시, 포장 및 마킹 요건 등 다양한 형태가 있다. 특히 공산품 분야에서는 관세율의 저하로 비관세 장벽의 중요성이 부각되고 있는 추세이다. 이 가운데 최근 특히 중요성이 부각되는 것은 표준 및 인증 등의 기술 장벽이다.

무역상 기술 장벽Technical Barriers to Trade, TBT은 무역 상대국 간에 서로 상이한 표준standards, 기술 규정technical regulation, 인증 절차certification procedure, 검사

제도inspection system 등을 채택·적용함으로써 상품 및 서비스의 자유로운 이동을 저해하는 무역에 있어서의 각종 장애 요소로 정의된다.

기술 장벽에는 크게 다음과 같은 것들이 있다.

- 동식물 위생 검역 조치
- 표준 및 인증(강제 검사 제도)
- 표시, 포장 및 마킹 요건
- 환경 라벨링 등

EU에서는 역내 총 교역량 중 76%가 각종 기술 규제의 영향을 받고 있으며, 21%는 기술 규제로 인한 무역 장벽에 영향을 받는다고 OECD가 1999년도의 '규제 개혁 및 국제 표준화 보고서'에서 분석한 바 있으며, 미국-EU 간 통신 기기 교역에서 기술 장벽이 해소될 경우 관세율 6% 인하와 같은 효과를 갖는다는 1996년도 '세계 은행 보고서'에서도 밝힌 것을 보면 기술 장벽이 중요하다는 점은 자명하다. 또한 최근 IT 산업에서는 짧은 제품 수명 주기(12~18개월)가 짧아짐에 따라, 적어도 4주일 정도 걸리는 인증 소요 시간조차도 부담으로 여겨지고 있다. 사실 IT 기기에서는 상품의 수명 주기가 새 제품을 구입한 후 '친구에게 자랑할 수 있는 기간'이라고도 볼 수 있는데, 이 경우 수명 주기는 2~3개월 정도로 더 짧아질 것으로 생각된다.

또 한 가지 기술 장벽이 중요해져 가는 이유는 WTO도 다른 무역 장벽에서와는 달리, 기술 장벽의 설치를 사실상 허용하고 있기 때문이다. WTO 이전의 국제 무역 체제인 GATT는 1970년대에 관세율의 저하로 비관세 장벽에 대한 대응을 추진하던 중 1979년 4월 TBT 협정을 처음으로 채택하였고, WTO의 출범을 위한 우루과이 라운드 협상에서 농식품 분야를 분리하여 1994년 4월에 TBT 협정 및 SPSSanitary and Phyto-sanitary, 식품 위생 및 동식물 검역 기준 협정을 채택하였다. 이러한 협정에서의 주요 원칙 중 하나는 국가별로 표준을 제정하거나 시험 검사 제도를 도입할 때에는 관련 국제 표준이 있을 경우 이를 반드시 활용해야 한다는 것이었다.

그런데 WTO/TBT 협정 및 이전의 GATT/TBT 협정에는 한 가지 예외 조항이 있는데, 자국의 기후 조건, 지리적 요인, 국가 안보, 보건, 위생, 환경 보호 등의 요인에 따라 국제 표준을 따르는 것이 어려울 경우에는, 국가별로 독자적인 표준이나 검사 제도를 운영하는 것을 허용한다는 내용이다.

예를 들어 지진이 별로 없는 국가에서의 건축 안전 기준은 지진이 많은 국가에서처럼 엄격할 필요가 없고, 고온 다습한 국가의 사무 용지 표준이 건조한 지방에서와 다를 수 있다는 것을 생각해 보면 이러한 예외 조항은 반드시 필요한 것으로 생각된다.

그러나 바로 이러한 예외 조항 덕분에 국가별로 서로 다른 표준이나 시험 검사 제도를 운영하더라도 이를 제지할 수 없게 되었다. 특히 1990년대 이후 신흥 경제국들에서 생활수준이 향상되고 경제 규모가 확대되면서 안전이나 환경에 대한 기술 규제를 선진국 수준으로 신규도입하게 된 것과, 2000년대 이후 선진국들에서 환경 보호나 에너지 절약에 대해 제각각의 기술 규제를 도입하고 있는 것은 이 예외 조항을 활용한 것으로 보인다.

2. 강제 검사 제도

■ 미국

미국은 전 세계에서 가장 복잡하고 다원화된 검사 및 인증 제도를 보유하고 있는데, 연방 정부 및 주州 정부 등의 정부 기관뿐만 아니라 상당수의 민간 기관에서도 다수의 제품 검사 또는 인증 프로그램을 운영하고 있다. 특히 민간 제도의 경우에도 보험 등과 연계되어 사실상 강제적 제도로 기능하는 경우가 많다.

〈미국 정부가 운영하는 주요 검사 및 인증 제도〉

주체	목적	주요 사례	
		대상 품목	관할 부처
연방 정부	국민 안전 및 보건	· 신의약품	식품의약품안전청(FDA)
		· 중요 항공 부품	연방항공청(FAA)
		· 자동차 및 부품	연방도로안전청(NHTSA)
		· 광산용 전기 설비	광산안전보건청(MSHA)
		· 산업용 기기	산업안전보건청(OSHA)
		· 정보 통신 기기	연방통신위원회(FCC)
	재시험 지양 및 조달 지원	· 군용 시스템에 사용되는 부품, 자재, 부품	국방성(적합제품등록(QPL) 프로그램)
	공정 상거래 보장	· 육류 및 육류 제품	농무성(USDA) (등급 부여 및 인증)
		· 가공된 생선 및 조개	국가해양환경청(NOAA) (등급 부여)
주 정부	연방 정부의 위임 업무	· 육류 및 육류 제품(인증)	농무성(USDA)
		· 주택(적합성 인증)	주택도시개발청(HUD)
	자체 권한 업무	· 오락용 놀이 기구, 단열재 등	· 국가인정시험소(NRTL) 인증 요구
		· 건축용 전기 제품	· 플로리다, 캘리포니아 : 감귤 산업 관련 제품
		· 주(州) 차원에서 경제적인 중요성이 있는 제품	· 네브라스카 : 트랙터 인증제도 · 캘리포니아 : 자동차 배기가스
		· 역내(域內) 생산 및 사용 제품	· 도로 및 교량 건설 자재 등

〈미국 정부가 운영하는 주요 검사 및 인증 제도〉

기관 성격	주요 기관	주요 대상 품목
전문 단체 또는 기술 단체	미국치과협회(ADA)	칫솔, 치실, 구강 세정제 등 치과 관련 제품
	미국위생공학협회(ASSE)	화장실, 하수 등 각종 배관 용품
동업(同業) 조합	가전제품제조자연합(AHAM)	가정용 에어컨, 제습기 및 공기청정기(3분야)
	국제안전운송협회(ISTA)	상품 포장, 관련 시험소 및 시험 인력
독립적인 시험 및 검사 조직	UL(보험자시험소)	가전 기기, 소방 용품, 금고 등
	FMRC(공장공동연구조합)	가전 기기, 소방 용품, 건축 자재 등
	ETL	가전 기기, 의료 기기, 일용품 등
	MET	가전, 의료 기기, 일용품 등
소비자 지향 단체	Good Housekeeping잡지	소비재 평가
비영리 산업/민간 단체 및 공공 복리 지향 조직	Solar Rating and Certification Corp 등	태양광 설비
	ASME(미국기계학회)	기준 제정
	IEEE(전자공학회)	기준 제정
	API(미국석유협회)	기준 제정
	ASTM(미국재료시험학회)	기준 제정

　미국에서 검사 및 인증에 사용되는 기술 기준은 총 93,000종 규모로서, 이 가운데 연방 정부는 44,000종, 민간 부문이 49,000종을 보유하고 있다. 기준 제정 기관은 정부 기관 및 민간 단체를 포함하여 700여 개 기관으로서, 연방 정부에 70개 기관, 민간 부문에 620개 기관이 있다. 연방 기술 기준은 CFRCode of Federal Regulation로 발간되고 있으며, 민간 기술 기준은 ASTM, ASME 등 민간 단체가 제정하고 있다.

　미국의 검사 및 인증 제도 중 특기 사항은 제품의 사용처가 이중적일 경우 적용 범위를 확대할 수 있다는 것이다. 예를 들어 전자레인지 등 가정용 가전 기기는 정부의 강제 인증 대상이 아니지만, 사업장에서 사용될 경우에는 OSHA(노동부 산업안전보건청)의 규제 대상으로 간주되고 있다.

그런데 미국 내 전자레인지 유통 업자는 자기가 판매하는 제품이 가정에서 사용될 지 작업장에서 사용될 지 알 수 없으므로, 자기가 판매하는 모든 제품에 OSHA 인증(OSHA가 지정한 NRTL에 위탁하여 인증을 받게 하는데, UL 마크도 이에 속한다)을 부착하도록 납품 업체에 요구하게 되며, 따라서 OSHA 인증이 사실상 강제 인증 제도가 되는 것이다.

민간 분야에서의 특징은 민간 인증도 보험, PL(제조자 책임 제도) 등, 다른 제도와 결합되어 강제력을 확보하고 있다는 것이다. 예를 들어 UL 마크가 없는 전기 제품을 사용하는 사업장에 대해서는 화재 보험사에서 보험 가입을 거부하거나 보험료를 수십 배로 인상할 수 있는데, UL은 보험 회사들이 설립한 기관이라는 점을 생각하면 이해될 수 있는 점이다.

또 한 가지 특징은 많은 기술 기준이 내부적으로 중복되거나 국제 기준과 일치하지 않는다는 것인데, UL 1950(정보 기기 및 사무 기기의 안전 요구 사항)이 국제 표준인 IEC 60950과 상이하다는 것을 예로 들 수 있다.

■ EU

EU에서는 1993년 유럽 단일 시장single market 출범 이후, 통일화된 검사·인증 제도의 운영을 본격적으로 지향하고 있다. 이를 위해 다음 세 가지 요소들을 통일하고 있다.

- 강제 기술 규정(technical regulation)
- 적합성 평가 절차(conformity assessment procedures)
- 국가 표준(national standards)

현재 EU에서는 회원국별로 각각 운영하는 강제 검사 및 인증 제도와 통일된 제도가 공존하고 있는데, 국가별 강제 검사 제도는 통일화 예외 조항에 근거하여 운영되는 것이다.

통일 강제 검사 제도는 통일화 방법에 따라 다음 두 가지 형태로 구분된다.

- old approach : 상세 기술적 요건을 모두 포함한 통일 법령을 역내域內 국가 간에 합의하여 제정
- new approach : 법령(directives)에서는 필수 요건(essential require-ments)만을 규정하고, 기술적 세부 사양은 통일 민간 표준(EN stan-dards)에 위임

new approach 방식의 통일 강제 검사 제도에 사용되는 EN 표준은 유럽 내 3대 표준화 기구인 CEN(일반), CENELEC(전기 전자) 및 ETSI(전기 통신)에서 유럽집행위원회European Commission의 요청에 따라 제정하며, 이 위원회가 이를 관보에 게재하면 EU 회원국은 1개월 내에 자국 표준을 EN 표준과 일치화시킬 의무가 있다.

〈EU 역내 교역 중 검사 제도 유형별 비중〉 (단위: %)

구 분	비 중
신접근법(new approach)	25
구접근법(old approach)	30
국가별 독자 규정	25
규제 비대상	25

신접근법 법령 중 일부에서는 제품이 표준에 적합하다는 것을 증명하기 위해 CE 마크 부착을 요구하고 있다.

CE 마크는 품목별로 규정된 인증 방식에 따라 제조자가 직접 부착하거나 제3자 인증 기관을 통해 검사받은 후 부착한다. 제3자 인

〈CE 마크〉

증기관은 국가별로 그 나라의 정부에서 분야별로 지정한 후 EU 관보를 통해 고시한 기관을 말한다. 일반적으로 자동차, 농업용 트랙터 제품에서는 기존의 국가별 규제 방식이 사용되고 있으며, 화학적 특성 제품에서는 구접근법을 적용하고 있다. 또한 물리적 특성 제품에는 신접근법이 적용되는데 이에 따른 기술 규제 법령의 현황은 다음과 같다.

⟨EU의 신접근법 법령(directive) 현황 (2011년 현재)⟩

번호	명칭	EU 법령 번호	적용 품목
1	단순 압력 용기	87/404/EEC	가스통 등
2	완구류의 안전	88/378/EEC	완구
3	건축 자재	89/106/EEC	건축 자재
4	개인 보호 장비	89/686/EEC	헬멧, 방진 마스크 등
5	비자동 저울	90/384/EEC	비(非)자동 저울
6	의료 기기 : 이식용	90/385/EEC	이식용 의료 기기
7	가스 기기	90/396/EEC	가스 기기
8	온수 보일러 : 효율성 요건	92/42/EEC	온수 보일러
9	민수용 폭약	93/15/EEC	민수용 폭약
10	의료 기기 : 일반	93/42/EEC	일반 의료 기기
11	방폭 장비	94/9/EC	방폭 환경 요구 장비
12	레저용 소형 선박	94/25/EC	레저용 소형 선박
13	포장류, 포장 용기류	94/62/EC	포장, 포장 용기류
14	승강기	95/16/EC	승강기
15	압력 기기	97/23/EC	압력 기기
16	의료 기기 : 시험관 진단용	98/79/EC	진단용 의료 기기
17	무선 통신 설비 및 전기 통신 단말기	99/5/EC	무선 통신 설비 및 전기 통신 단말기
18	여객용 삭도 설비	2000/9/EC	케이블카, 리프트 등
19	계량기	2004/22/EC	전력량계, 주유 미터 등
20	전자기 적합성	2004/108/EC	EMC(EMI+EMS)
21	기계류	2006/42/EC	산업 기계류
22	저전압 기기	2006/95/EC	전기 용품

■ 일 본

일본에서는 우리나라와 거의 유사하게 개별법에 근거하여 소관 부처가
검사 및 인증 제도를 운영하고 있다. 주요 기술 규제 현황은 다음과 같다.
(담당 부서 명칭은 일본 측 정부 조직 개편으로 바뀔 수 있음)

〈일본의 개별법에 따른 인증 제도〉

법률명	담당과	법의 개요	대상 품목
고압가스 보안법	경제산업성 원자력안전· 보안원(NISA) 보안과	· 제조 사업의 허가 · 제조 기준의 설정 · 용기 검사 · 용기 증명서, 각인 및 표시 기준의 설정	· 고압가스 용기 · 부속품 · 특정 용품

액화석유가스의
보안확보 및
거래의적정화에
관한 법률
(PSLPG마크)
	경제산업성
	원자력안전·
	보안원(NISA)
	보안과
		· 기술 기준, 표시 기준
		  의 설정
		· 용기 등의 검정 제조업
		  자의 등록, 형식
			· 액화석유가스 기구 등
			  − 조리기
			  − 액화석유가스 콕
			  − 순간 온수기
			  − 고압 호스
			  − 목욕 보일러
			  − 밀폐식 보일러
			  − 목욕 버너
			  − 스토브
			  − 스톱 밸브

화학물질
심사규제법
	경제산업성
	후생노동성
	환경성
		· 신규 화학 물질의
		  심사 및 규제
		· 제조, 수입, 사용의
		  규제
		· 개선 명령
			· 화학 물질(원소 및 화합물이
			  화학 반응을 일으킴에 따라
			  얻어지는 화합물) 단, 다음의
			  화합물은 제외
			  − 방사선 물질, 독극물, 마약
			  − 식품, 식품 첨가물
			    (식품위생법)
			  − 농약(농약취체법)
			  − 사료
			  − 의약품, 의약부외품

가스사업법
(PSTG마크)
	경제산업성
	원자력안전·
	보안원(NISA)
	가스안전과
		· 기술 기준, 표시 기준
		  의 설정
		· 제조업자의 등록,
		  가스 용품의 검사
		· 형식 승인
		· 개선 명령
			· 가스 순간 온수기
			· 가스 스토브
			· 가스버너가 달린 목욕 보일러
			· 가스 목욕 버너
			· 가스 목욕 버너 마개
			· 가스 압력 냄비 및 가스 가마

〈일본의 개별법에 따른 인증 제도〉

법률명	담당과	법의 개요	대상 품목
비료단속법	농림수산성 소비·안전국 농산안전관리과	· 생산 및 수입업자의 등록 · 보통 비료의 표준 제정·개정	· 보통 비료(쌀겨, 단비 등의 특수 비료는 제외)
농업기계화 촉진법	농림수산성 생산국 농산부 기술보급과	· 농기구의 검사	· 농기계류 　- 농업용 트랙트 　- 식물 이앙기 　- 동력 분무기 　- 스피드 스프레이어 　- 콤바인 　- 포레이지하비스트 　- 감자 수확기 　- 비트 수확기 　- 콩 수확기
농약단속법	농림수산성 소비·안전국 농산안전관리과 농약대책실	· 제조업자, 수입 업자의 등록 · 판매 금지	· 농약
사료안전성의 확보 및 품질 개선에 관한 법률	농림수산성 소비·안전 구축·수산안전 관리과	· 검정 · 승인·인정 · 규격의 제정	· 사료
가축전염병 예방법	농림수산성 소비·안전국 동물위생과	· 수입 금지품, 수입 금지 지역의 지정 · 수입 동·식물 금지 지역의 지정 · 검사	· 가축 전염병의 병원체를 전할 가능성이 높은 동물 및 축산물
식물방역법	농림수산성 소비·안전국 식물방역과	· 수입 금지품의 지정 · 수출국의 정부 기관 발행 검사 증명서의 확인	· 꽃, 양치류 또는 선태류에 속하는 식물, 종자, 과실류 등
가축개량 증식법	농림수산성 생산국 축산부 축산진흥과	· 국내·외 산정액 및 수정란의 양도	· 가축 인공 수정용 정액 및 가축 수정란

〈일본의 개별법에 따른 인증 제도〉

법률명	담당과	법의 개요	대상 품목
건강증진법	소비자청 식품표시과	· 특수 영양 식품의 표시에 대한 허가, 승인	· 영양 성분을 보급 할 수 있는 식품 · 유아용, 병자용 등 특별 용도에 적용하는 식품
약사법	후생노동성 의약식품국 감시지도 · 마약대책과	· 제조 승인, 불량품, 부당 표시의 제조 판매의 금지, 검정 제도 · 독극약 표시 : 지시약 표시 등	· 의약품, 의약부 외품, 화장품, 의료 용구, 동물용 의약품, 동물용 의료부 외품, 동물용 의료 용구
농약단속법	농림수산성 소비 · 안전국 농산안전관리과 농약대책실	· 제조업자, 수입 업자의 등록 · 판매 금지	· 농약
식품위생법	후생노동성 의약식품국 식품안전부 감시안전과	· 유해 식품 등의 제조 판매의 규제 · 표준, 기준의 설정 · 영업의 허가 · 식품의 검사 · 사고 조사	· 식품 · 식품 첨가물 · 기구 및 용기 포장 · 완구(유아가 직접 접촉하는 완구) · 세정제(야채, 과실류, 식기 세척용)
도로운송 차량법	국토교통성 자동차교통국 안전기준과	· 자동차의 등록 보안 기준 · 자동차 검사	· 자동차, 이륜차, 원동기 부착 자전거의 안전 관계 기준, 공해 관계 기준
선박안전법	국토교통성 해사국 안전기준과	· 시설 기준 · 정기 검사	· 선박, 선박용품
노동안전 위생법	후생노동성 노동기준국 안전위생부 계획과	· 검사 제도 · 개별 형식 검정 · 표시	· 보일러, 크레인 등 8품목 · 동력 프레스, 방진 마스크 등 8품목 · 동력에 의해 구동되는 기계 등
전파법	총무성 종합통신기반국 전파부 전파정책과	· 무선국 개설 면허 · 기술 기준 · 통신 방법	· 무선 설비, 고주파 이용 설비 · 무선 설비 기기

〈일본의 개별법에 따른 인증 제도〉

법률명	담당과	법의 개요	대상 품목
유선전기 통신법	총무성 종합통신기반국 전기통신사업부	· 인가 · 형식 심사 및 공사 검사 · 기준의 제 · 개정	· 이용자가 설치하는 공중 통신 설비, 기내 교환 설비, 부속 전화기, FAX 장치, 데이터 단말 장치
소방법	총무성 소방청 예방과	· 표준, 기준의 제 · 개정 · 판매 등의 금지	· 소화기, 소화 약제, 포화 약제, 소방용 호스, 종합 금구, 감지 기, 발신기, 중계기, 수신기, 누 전 화재경보기 등
전기용품 안전법 (PSE마크)	경제산업성 상무정보정책국 상무유통그룹 제품안전과	· 특정 전기용품 제조자 및 수입자 규제 · 특정 전기용품 이외의 전기용품 제조자 · 수입업자의 규제 · 형식 승인 · 기술 기준 제 · 개정	· 특정 전기용품 115품목 · 특정 전기용품 이외의 전기용품 339품목

소비생활용
제품안전법
(PSC마크)
	경제산업성
	상무정보정책국
	상무유통그룹
	제품안전과
		· 안전과 관련된 특정
		제품이 안전 기준에
		적합하지 않을 경우
		판매 금지
		· 안전 관련기준의
		제 · 개정
			· 특별 특정 품목 : 4개
			  - 유아용 침대, 휴대용 레이저
			    응용 장치, 욕조용 온수 순환
			    기, 라이터
			· 특정 품목 : 6개
			  - 가정용 압력 냄비, 승용차
			    헬멧, 등산용 로프, 석유 급탕
			    기, 석유 욕조용 온수기, 석유
			    스토브

계량법	경제산업성 산업기술환경국 기준인증유닛 지적기반과 계량행정실	· 계량기의 검정 · 측정기의 교정 검사 · 교정 검사 및 표준 물질 인정	· 계량기 · 산업 측정 기기 · 표준 물질

구 분	정부·민간 구분	관련 법령 및 인증 방법
강제 표준 mandatory standards	정부 인증	LPG법(제1종 액화 석유가스 기구 등)
		고압가스보안법(고압가스 용기 등)
		광산법
	검 정	계량법(거래 증명용)
		가스사업법(제1종 가스용품)
		소비생활용제품안전법(특별 특정 품목)
		LPG법(제1종 액화 석유가스 기구 등)
	형식승인	고압가스보안법(고압가스 용기 등)
		계량법(거래 증명용의 계량기)
		전기용품안전법(특정 전기용품)
		가스사업법(제1종 가스용품)
	자기 확인	가정용품질표시법, 리사이클법, 생(省)에너지법,
		전기용품안전법(특정 전기용품 이외의 전기용품),
		소비생활용제품안전법(특정 품목),
		LPG법(제2종 액화석유가스 기구 등),
		계량법(일반 소비자의 생활용 계량기),
		가스사업법(제2종 가스용품)
임의 표준 voluntary standards	정부 인증	JIS 마크 인증
	민간 인증	SG 마크(제품안전협회)
		ST 마크(일본완구협회)
		VCCI 마크 (EMC 분야, VCCI협회)

비 고
- 강제 표준 : 일반 법령으로 준수를 의무화하는 표준
- 임의 표준 : 기술 사양 등으로 준수를 의무화하지 않는 표준
- 정부 인증 : 정부 및 위임 기관의 심사 등으로 일정 기준에 대하여 적합성을 증명하는 행위
- 자기 확인 : 제조업자 등이 스스로 기준에 대한 적합성을 증명하는 행위
- 검 정 : 개개의 제품마다 검사를 하는 것
- 형식 승인 : 제품 형식에 대해 성능 검사를 하여, 기준에 대한 적합성을 승인하는 것
- 공장 인정 : 공장 검사를 통해 특정 업무를 수행할 능력을 갖고 있다고 인정하는 것
- 제3자 인증 : 제조업자가 제3자 기관의 시험 증명을 받아 스스로 안정성 확보를 선언하는 것

■ 중국

중국은 WTO 가입 이전까지는 품질 및 안전 관련 인증 제도에서 국산품과 수입품에 대해 별도의 인증을 적용하는 등 이원적으로 운영해 왔으나, WTO 가입을 계기로 인증 제도의 개선을 위해 2002년 5월 1일부터 이를 하나의 인증 제도로 통합하여 시행하고 있다. 이를

〈CCC 마크〉

통해 시행되는 제도가 CCC(China Compulsory Certification, 중국 강제 인증) 마크 제도이다.

적용 품목은 최초 제도 도입 시에 전선 및 케이블 등 19분류 132개 품목이었으나 계속 추가되고 있다. CCC 마크 제도를 운영하는 권한은 국가품질감독검험검역총국 소속 국가인정인가감독관리위원회가 가지고 있으며, 여기서 지정한 인증기관 및 시험 기관들이 실제 인증 업무를 담당한다.

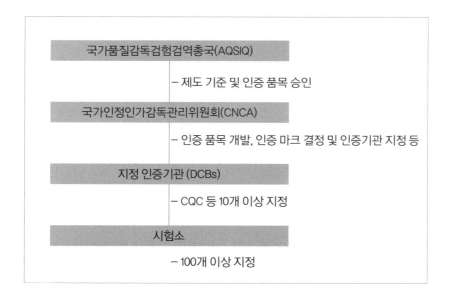

국가품질감독검험검역총국(AQSIQ)

– 제도 기준 및 인증 품목 승인

국가인정인가감독관리위원회(CNCA)

– 인증 품목 개발, 인증 마크 결정 및 인증기관 지정 등

지정 인증기관 (DCBs)

– CQC 등 10개 이상 지정

시험소

– 100개 이상 지정

	분 류(영문)		품목수
1	전선 및 케이블	electrical wires and cables	5
2	전기 스위치 및 보호 장비, 전기 접속 장치	switches for circuits, installation pro-tective and connection devices	6
3	저압형 전기 장비	low-voltage electrical apparatus	9
4	저공률 전동기	small power motors	1
5	전동 공구	electric tools	16
6	전기 용접기	welding machines	15
7	생활용 전기 제품	household and similar electrical appliances	18
8	음향 제품(단, 라디오 방송 및 자동차용 음향 설비 제외)	audio and video apparatus(not including the acoustics apparatus for broadcasting service and automobiles)	16
9	정보 기술 장비	information technology equipment (IT)	12
10	조명 장비	lighting apparatus(not including the lighting apparatus with the voltage lower than 36V)	2
11	정보 통신 단말기 설비	telecommunication terminal equipment	9
12	자동차 및 안전 부품	motor vehicles and safety parts	4
13	자동차 타이어	motor vehicle tyres	3
14	안전용 유리	safety glasses	3
15	농기계 제품	agricultural machinery	1
16	라텍스 제품	latex products	1
17	의료 기기	medical devices	7
18	소방 기기	fire fighting equipment	3
19	기술 안전 보호 제품	detectors for intruder alarm systems	1

이후 CCC 마크 대상으로 추가된 품목은 다음과 같다.

- 무선 LAN 기기 : 2004년 6월 1일 실시 예고 → 연기 → 2006년 1월 6일 정부 구매품에 한하여 실시

- 모터 : 2005년 5월 1일부터 기존 GB 12350 요건에 GB 14711이 적용되는 소전력 모터를 추가

- 실내 장식 제품 : 2005년 8월 1일부터 목공 도료, 자기질 타일, 콘크리트 동결 방지제가 CCC 강제 품목에 추가
- 보안 기술 방범 제품 : 2005년 10월 1일부터 침입 탐지기의 일부 품목 추가(자기 스위치 침입 탐지기, 진동 침입 탐지기, 실내용 수동식 유리 파괴 탐지기), 이외에 도난 방지 경보 제어기, 자동차 도난 방지 경보 시스템과 도난 방지 금고 등의 안전 기술 방범 제품이 추가
- 자동차용 부품 : 2006년 12월 1일부터 자동차용 조명 기구 제품(전조등, 방향 지시기, 차폭등/미등/제동등/엔드아웃라인 마커 램프, 전부 안개등, 후부 안개등, 후진등, 주차등, 측방등과 후부 번호등, 오토바이 번호등, 위치등), 자동차용 재귀 반사기, 자동차 운행 기록 장치, 차체 반사 표시물, 자동차 브레이크 호스, 자동차 백미러, 자동차 경음기, 자동차 가솔린 탱크, 도어록 및 도어 힌지, 내장 재료, 시트 및 헤드레스트를 CCC 강제 품목에 추가
- 농기계 제품 : 2008년 5월 1일부터 25마력 이하 차륜형 트랙터 제품이 추가
- 정보 보안 제품 : 2008년 5월 1일 도입되어 현재 정부 구매품에 한하여 실시되고 있으며, 정보 보안 제품(방화벽, 네트워크 안전 격리 카드와 선로 선택기, 안전 격리와 정보 교환 제품, 안전 라우터, IC 카드 COS, 데이터 백업 및 회복 제품, 안전 조작 시스템, 안전 데이터베이스 시스템, 스팸 메일 차단 제품, 침입 탐지 시스템, 네트워크 해킹 스캐너 제품, 안전 심사 제품, 홈페이지 복구 제품)이 CCC 강제 품목에 추가

그러나 EU에서 CE 마크 이외에 강제 인증 제도가 있는 것과 마찬가지로, 중국에는 CCC 이외에도 복수의 강제 인증이나 허가 제도가 있고, 일부 제품에서는 제도의 중복도 존재하므로 주의가 필요하다. 중국의 주요 인증 제도는 다음과 같다.

〈중국의 인증 제도〉

① 제도의 명칭 · 통칭 ② 관련 규정 · 법률 ③ 관리 감독 부문	대상 범위 또는 주요 대상 제품
① 중국 강제성 제품 인증 제도(CCC 마크) ② 강제 제품 인증 관리 규정(2002년 5월 1일 실시, 2009년 9월 1일 개정판 시행) 외 ③ 국가품질감독검험검역총국(AQSIQ)국가인증인가감독관리위원회(CNCA)	· 전기 · 전자 제품, 자동차 관련, 농업 기계, 라텍스 제품 등 (상세한 것은 본편에서 해설)
① 입망 허가 제도 (NAL : Network Access License) ② 통신 장치 입망 관리 규칙/2001년 5월 10일 ③ 정보산업부(MII) 전신관리국	1. 고정 전화 단말 2. 무선 전화 단말 3. 집단 전화 4. 팩시밀리 5. 모뎀(모뎀 카드 포함) 6. 프로그램 제어식 사용자 교환기 7. 이동식 사용자 교환기 8. 포켓 벨 9. ISDN 단말 10. 데이터 단말(카드 포함) 11. 멀티미디어 단말 12. 기타 전기 통신 단말 장치 13. 무선 기지국 14. 마이크로파 통신 장치 15. 위성용 지상 스테이션 16. 광전송 장치 17. 디지털 프로그램 교환 시스템 18. 7호 발전 장치 19. 인텔리전트 네트 장치 20. 싱크로나스 장치 21. 접입 네트 장치 22. 중계 교환기 23. ATM 교환기 24. 종합 업무 교환기 25. 경로 장치 26. IP네트워크 27. 데이터 통신 장치 28. 리시버 센터용 장치

① 제도의 명칭 · 통칭 ② 관련 규정 · 법률 ③ 관리 감독 부문	대상 범위 또는 주요 대상 제품
① 중국전파법 　(무선형식승인) ② 단거리 무선 설비 관리 　규정(1999년 1월 실시) ③ 정보산업부(MII) 무선전 　파관리국	1. 지하관선 검출기 2. 일반 미약 전파 무선 발신 설비(완국, 자동차의 문, 셔터, 방 　범, 경보, 데이터 전송, 무선 마이크로폰 등에 사용되는 소 　형 무선 발신 장치) 3. 일반 무선 리모컨 장치(창, 문 등에 이용되는 리모컨 장치) 4. 무선 마이크로폰 5. 생물 의학 리모컨 측정 장치(병원이나 의학 연구 기관 내에 　서만 사용하는 것) 6. 무선 전화 7. 크레인 또는 전송 기계 전용 리모컨 장치 8. 전자 현수 무선 송신 전용 설비 9. 공업용 무선 리모컨 장치 10. 무선 데이터 전송 설비 11. 방범 경보 무선 컨트롤 설비 12. 모형 완구 무선 텔레컨트롤 설비
① 의료 기기 등록 제도 　(SFDA) ② 의료 기기 등록 관리 　조례 　(2000년 4월 5일 발행/ 　2000년 4월 10일 시행)	의료 기기 감독 관리 조례에서는 대상 제품은 다음과 같이 규정되어 있다. 여기에서 언급하는 의료 장치 제품은 다음의 목적으로 사람에게 사용하는, 제조업자가 의도하는 적절한 용도에 필요한 소프트웨어를 포함하는, 단독 또는 조합하여 사용하느냐에 관계없이 모든 기구, 장치, 기기, 재료 또는 기타 물품을 의미한다. – 질환의 진단, 방지, 모니터, 처치 또는 완화 – 장애 또는 장애의 진단, 모니터, 완화 또는 보정 – 해부학 또는 생리학적 프로세스의 조사, 교환 또는 수정 – 수태 관리 의료 장치 제품은 의약, 면역 또는 대사 방법에 따라 인체에서 주요 목적 작용을 달성하지 않지만, 이런 방법에 의해 그 기능을 보조하게 되는 수가 있다. 구체적인 품목은 국가식품약품 감독관리국(SFDA) 의료기기사가 규정하고 있다.

<중국의 인증 제도>

① 제도의 명칭 · 통칭 ② 관련 규정 · 법률 ③ 관리 감독 부문	대상 범위 또는 주요 대상 제품
① 중국계량법 ② 중화인민공화국계량법 (1986년 7월 1일 발행 · 실시) 중화인민공화국 계량법 실시 세칙(1987년 2월 1일 발행 · 실시)중화인민공화국 수입 계량 기기 관리 방법 ③ 국가품질감독검정검역총국	1. 저울(천칭 포함)　　　2. 센서 3. 소음계　　　　　　　4. 3차원 측정기 5. 표면 거칠기 측정기　　6. 대지 측정 계기 7. 열량계 8. 유량계(수도 미터, 가스 미터 포함) 9. 압력계(혈압계 포함) 10. 온도계 11. 디지털 전압계 12. 전계 강도 측정 계기 13. 심장, 뇌전도기(기) 14. 유해 기체, 더스트, 수질 오염 감시계 15. 전기복사방호계기 16. 스펙트로 포토 미터(자외선, 적외선, 가시 측광계 포함) 17. 가스, 액체 크로마토그래프 계기 18. 습도, 수분 측정 계기
① 특종 설비 허가 제도 (SEL) ② 특종 설비의 안전 감찰 조례(2003년 3월 11일 공포, 2003년 6월 1일 실시) 보일러 압력 용기 제조 허가 조건, 보일러 압력용기 제조 안전 성능 감독 검험 규칙(2004년 1월 1일 실시) 2009년 1월 14일 수정 조례 공포 (2009년 5월 1일 실시) ③ 국가품질감독검시검역총국(AQSIQ) http://www.aqsiq.gov.cn/cjsfw/ts/	1. 보일러: 용적이 30L보다 크거나 같고 압력에 견디는 증기 보일러, 출구의 수압이 0.1MPa보다 크거나 같고 규정된 공률이 0.1MW보다 크거나 같은 압력에 견디는 열수(熱水) 보일러, 유기 열전도체 보일러 2. 압력 용기: 최고 작동 압력이 0.1MPa 이상, 압력과 용적의 승적(乘積)이 2.5MPa/L 이상, 기체, 액화 기체와 최고 공작 온도가 표준 비등점 이상의 액체 고정식 용기와 이동식 용기. 수용 공칭(公稱) 작동 압력이 0.2MPa 이상, 압력과 용적의 승적이 1.0MPa/L 이상, 기체, 액화 기체와 표준 비등점이 60도 이하의 가스통, 산소 창(艙). 3. 압력 파이프: 최고 작동 압력 0.1MPa 이상의 기체, 액화기체, 증기 매개물 또는 최고 작동 온도가 표준 비등점 이상, 인화성, 부식성, 유독성, 폭발하기 쉬운 액체 매개물이며 공칭 지름이 25mm보다 큰 파이프 4. 엘리베이터: 엘리베이터, 에스컬레이터, 무빙워크 5. 기중기: 기중량이 0.5t보다 크거나 같은 승강기, 규정된 기중량이 1t보다 크거나 같은, 끌어올릴 수 있는 높이가 2m보다 크거나 같은 기중기 7. 대형 오락시 설: 최대 운행 속도 2m/s보다 이상, 운행 고도 2m 이상 대형 오락시설 8. 장(공장)내 전용 기동 차량 : 도로 교통, 농업용 차량 을 제외한 공장 내, 휴양지, 놀이 공원 등 특정 구역에서 사용하는 전용 기동차량

참고로, 중국의 표준은 중화인민공화국표준화법에 따라 국가 표준, 행업 표준, 지방 표준, 기업 표준으로 분류된다.

- 국가 표준 : AQSIQ/SAC에서 총괄 관리하며 의약, 식품, 환경 등 타부처 개발 국가 표준도 SAC가 검토(1999년 말 현재 약 19,118종 가운데 2,563종이 강제 표준)
- 행업 표준 : 국가 표준이 없는 특수 분야의 규정이 요구되는 경우, 국무원 산하 중앙 행정 부처에서 독자 개발(1999년 말 현재 약 29,000종)
- 지방 표준 : 국가 표준 또는 업종 표준이 없는 경우, 성(省), 자치구, 직할시의 표준화 주관 부서에서 개발(1999년 말 현재 약 9,200종)
- 기업 표준 : 기업 내에서 통일적인 기술, 경영, 생산 규정이 필요한 경우에 개발되며, 이를 각 지방의 표준화 담당 부서에 등록